I0786123

COACHING PARA DESARROLLAR EL TALENTO EN ADOLESCENTES

Coaching, Psicología y Pedagogía Para La Transformación y Potencialización del Talento

URIEL GODOY

Primera edición.

Categoría:
Autoayuda, Crecimiento Personal.

ISBN: 9781723736667
Imprint: Independently published

email: psicycoachugodoy@gmail.com
Facebook: Uriel Godoy Velázquez
LinkedIn: Uriel Alberto Godoy Velázquez
Servicio de publicación ACE - ACCA

AGRADECIMIENTO

Quiero comenzar agradeciendo al principal factor que ha contribuido en mi formación como *SER* humano antes que de una profesión; esa persona a la que me estoy refiriendo es mi madre, María de Lourdes Velázquez Cervantes (Marylú), ella es la mujer a la que me debo, puesto que desde siempre se preocupó e impulsó a salir adelante, a luchar por mis sueños y metas, gracias mamá, ¡Te amo!

Igualmente deseo agradecer a mi papá Víctor Godoy por su apoyo moral y ayudarme a hacer siempre las tareas en mi etapa escolar primaria.

Agradezco a la Universidad del Golfo de California representada por la Dra. Yolanda Razo Abundis, por apoyarme cuando estudié Coaching, desde sus instalaciones pude recibir mis clases de manera online.

A la Academia de Coaching y Capacitación Americana ACCA por motivarme para la publicación de este libro, su libro, así como agradezco a mi mentor, M.C.I. Jacqueline Betancourt por sus enseñanzas transmitidas para formarme como Coach, y por supuesto también a mis mentores instructores, por mencionar a algunos de ellos, M.C.I. Írisz Császár, Coach Mariana Rosen, M.C.I. Marilyn Fernández, entre otros talentos por el apoyo otorgado en cada mentoría, por su desempeño y excelente compromiso por instruirme adecuadamente y servir de guía para los aprendices de la ACCA.

Al colegio; por permitirme impartir Coaching con sus jóvenes alumnos de primer semestre y otorgar las facilidades para llevar a cabo las mencionadas sesiones de Coaching.

A la orientadora educativa del colegio del turno vespertino, Psic. Livia David Salas por sus consejos, recomendaciones y amistad; que me han adelantado a superarme en el ámbito docente.

Deseo agradecer a tres grandes personas que han contribuido en mi formación profesional, ellas son: Lic. Psic. Guadalupe Carbajal Arteaga, quien es mi madrina de graduación, mujer exitosa y poderosa que me enseñó la prudencia y las virtudes de la escucha, así como me transmitió el trabajar con amor y pasión. Asimismo, a Msc. Iraida Lorenzo Suárez y la Lic. Educ. Esp. Luz Yadira León Zazueta; excelentes maestras que me impartieron vocación por la docencia.

A la Lic. Psic. Mayra Raquel Castro Burgoin, quien fuera mi psicoterapeuta, y por supuesto, no menos importante, no puede faltar mi amiga de excelencia Psic. María Auxiliadora Leggs Castro, quien creyó siempre en mí y su cariño es inigualable.

A mis queridos amigos Gisela Stefanie, Daniela Baeza, Raúl Miranda, Francis Peón, Jesús Balderas, entre muchos más que no terminaría de mencionar por celebrar junto conmigo estos éxitos y estar presentes cuando se requiere de su ayuda.

Por último, le agradezco por siempre a todos los que han sido y a los que forman parte de mis alumnos, ustedes son las personas por las que me debo, los que me quitan y me ponen de un lugar, asimismo, agradezco a los lectores por tomarse el tiempo por leer este libro, el cual va dedicado con muchísimo amor y empeño de mi parte.

Sinceramente, ¡GRACIAS!

Uriel Alberto Godoy Velázquez

ÍNDICE

PRÓLOGO

Esta obra busca ayudar a aquellos seres que están en la edad más vulnerable de la vida, esa donde los sentimientos se sienten a flor de piel y las decisiones pueden muchas veces ser erróneas debido a que no se cuentan con las herramientas necesarias para una madurez a la hora de la toma de las mismas.

Es un libro pensado y diseñado para facilitar al alumnado proyectar sus metas a corto y largo plazo, a trabajar mediante la disciplina y el compromiso con uno mismo.

Crear un proyecto como este que busca enfocar a los jóvenes en las cosas buenas que tienen dentro de ellos, a buscar cumplir sus metas sin temor al fracaso; es una tarea titánica que solo puede ser guiada por un ser valiente y con la preparación adecuada. Una persona capaz de entender el sentir de la generación actual porque ha trabajado de la mano con ellos escuchando todas sus dudas y viviendo de cerca los desafíos a los que se enfrentan día a día.

Gracias Uriel, por pensar en aquellos en los que está el futuro no solo de un país sino del mundo entero, por buscar que los jóvenes cumplan sueños que tengan metas, pero sobre todo que sean felices. En hora buena por este escrito, no puedo más que desearte lo mejor.

Con cariño para ti amigo mío.
L.C.C. Gisela Stefanie Pérez Caselin

INTRODUCCIÓN

El coaching como disciplina que acompaña a las personas a descubrir y potenciar su ser sirve como una guía para trabajar con adolescentes y jóvenes; debido a que los mismos se encuentran en una etapa crucial para su formación donde hay conflictos de identidad y por ende no saben ¿quiénes son? ni ¿hacia dónde van?

El coaching, herramienta que explota el potencial de las personas, mueve de la zona de confort y trabaja con impronta valores, metas, objetivos y creencias, es de suma importancia que se centre en la población juvenil actual más que nada debido a que nos encontramos en una nueva era del cambio y globalización.

Vivimos en una era completamente modificada. Nuevas creencias, aprendizajes, desarrollo de la tecnología, es evidente que el mundo atrás con el cual se nos ha educado ya no existe, por tales razones la intervención del coaching en el proceso del joven adolescente (teenager, en inglés), servirá como un refuerzo, así como apoyo en la formación y construcción de potencial en el adolescente.

El libro contiene capítulos que hablarán tanto de la historia del coaching como sus herramientas que favorecen y enriquecen el proceso de enseñanza-aprendizaje del adolescente. Además, le ayudará a explorar y descubrir su ser, definir sus metas y objetivos a través de sus sueños, apoyará en trabajar con sus creencias y valores para el logro de éstos.

Este libro verá reflejada la historia del coaching desde su etimología de la palabra "coach", la cual considero es interesante. Recorrerá los orígenes de esta disciplina desde los antiguos filósofos griegos; puesto que es desde la filosofía que el coaching nace a través de Sócrates al utilizar la mayéutica herramienta que consiste en instruir con ayuda de preguntas que invitan a la reflexión de los aprendices.

Este es un trabajo que ayudará al lector a comprender la importancia de nuestra disciplina y pretende ser una guía para padres comprometidos con el desarrollo y bienestar de sus hijos.

OBJETIVOS DEL LIBRO

GENERALES.

- ✓ Contribuir a la promoción del coaching para que las personas comprendan su utilidad.
- ✓ Promover la transformación personal a través de herramientas de cambio del coaching.

ESPECÍFICOS.

- ✓ Ser una guía para padres comprometidos con el desarrollo y bienestar de sus hijos.
- ✓ Contribuir con el autoconocimiento de las y los adolescentes lectores de este libro.
- ✓ Acompañar a las y los adolescentes a descubrir y potenciar su ser, así como sus habilidades, talentos y dones a través de la aplicación de actividades exclusivas del coaching.

Este libro se dirige a los jóvenes y a sus padres, debido a que es una investigación recabada que se realizó en una escuela preparatoria de carácter público con adolescentes de entre 15 y 16 años de edad.

Lo expuesto en el libro les servirá para conocer más a profundidad sobre el coaching y los ejercicios que realizamos en esta disciplina.

Se encuestó a 50 alumnos de esta preparatoria con el objetivo de conocer sus conocimientos acerca del coaching, valores, creencias, entre otros aspectos, mismos que se hablarán de sus resultados en el capítulo número 4.

Capítulo 1

Antecedentes Históricos del Coaching y Definición de la Palabra Coach.

Etimología de la palabra coach.

¿Qué es el coaching y cuál es el significado de la palabra "coach"? Es interesante y fundamental partir de aquí para poder desarrollar con excelencia los demás capítulos de este libro; el cual estoy seguro que aportará herramientas para el trabajo con adolescentes a todos nuestros lectores, sean profesionistas o no.

Es un honor para mí comenzar a explicar la historia de esta hermosa arte que surgió desde la época de los filósofos griegos. El coaching es una disciplina que trabaja en explorar, descubrir las potencialidades, así como capacidades de las personas para aterrizar en sus sueños, convertirlos en metas y objetivos que se cumplirán en un periodo definido de tiempo por el cliente coachee.

El coaching apareció hace miles de años en la antigua Grecia y uno de sus padres fue Sócrates. El filósofo creó un método que promovía el empleo del diálogo para llegar al conocimiento y que solía utilizar con sus discípulos. Se sentaba a conversar con ellos y, a punta de hacerles preguntas, al final lograba que sacaran a relucir los conocimientos que tenían dentro. De forma muy romántica lo bautizó mayéutica; que en griego significa partera, para simbolizar que él también ayudaba a dar a luz.

Sócrates quien además de ser padre de la filosofía su

método mayéutica ha servido para dar creación a otras ramas que se dedican al estudio y trabajo con seres humanos. Por mencionar a una de ellas, la pedagogía (ciencia que estudia la metodología y las técnicas que se aplican a la enseñanza y la educación, especialmente la infantil) y en la cual tiene su origen en el griego antiguo paidagogós. Este término estaba compuesto por paidos ("niño") y gogía ("conducir" o "llevar"), así como de la psicología (ciencia que estudia el comportamiento y los procesos mentales), entre otras más, que es ahí donde nace el coaching.

La palabra coach es de origen húngaro, la cual hace referencia a coche, que sirve para trasladar seres humanos de un lugar a otro. El coaching cree profundamente en las personas, en la fuerza transformadora que duerme dentro, en la magia latente del ser que refleja a la criatura de Dios y que está llamada a crecer como una semilla. De aquí surgirá toda una pedagogía del acompañamiento personalizado que pudiera plantearse como mayor reto para todos los centros, con un acompañamiento no solo del alumno-coach, también del coach-profesor, coach-director, coach-rector. Se trata de fomentar un liderazgo transformacional del SER.

La etimología de la palabra es bastante conocida. Se ubica en la ciudad húngara de kocs, y en el siglo XV, donde los viajeros utilizaban el término "kocsiszekér" o "carruaje de kocs"; para nombrar un tipo de carruaje que se popularizó en la región al incorporar un nuevo sistema de suspensión más cómodo para los viajeros que hacían el trayecto entre Viena y Budapest. Así, el término pasó al alemán como kutsche, al italiano como cocchio, al inglés como coach y al español como coche.

Cuando el término pasa a Inglaterra originariamente se utiliza para nombrar el carruaje, pero a partir de 1850 se le encuentra en las universidades inglesas para la figura del entrenador; así existe el coach o entrenador de corte académico y posteriormente el coach deportivo. Más tarde, en 1960, el término se emplea también para designar programas educativos, pero hasta 1980 no se habla de coaching como una profesión con formación y credenciales específicas. Es aquí cuando surge el concepto de coaching ejecutivo como una nueva y poderosa disciplina.

Aquí es donde comienzo a partir y desarrollar el presente libro realizándoles a ustedes, mis estimados lectores, la siguiente pregunta: ¿De qué manera el coaching interviene en la transformación y desarrollo del talento del joven adolescente con su proceso de enseñanza-aprendizaje?

El coach es el profesional encargado de desarrollar e incentivar el crecimiento personal de las personas con las que trabaje, a estas las vamos a llamar clientes, debido a que se encuentran pagando un servicio de acompañamiento de un coach; de igual manera se les puede llamar coachees; que es el significado otorgado a las personas que están en proceso de transformación y crecimiento por parte del coach ya mencionado.

El coaching con su poderosa gama de herramientas puede determinar que el adolescente explore su ser y lo potencie a obtener la máxima excelencia en cuanto al logro de sus resultados, sin embargo, hablaremos más adelante acerca de esto en los siguientes capítulos.

Bien, vamos a seguir adentrándonos en la historia del coaching desde la época de la filosofía. Los invito a continuar leyendo nuestra historia puesto que de ahí nos servirá como una guía para desarrollar los demás escritos presentes en este libro.

Coaching desde la Filosofía

Como ya lo describimos brevemente en el apartado anterior nuestra disciplina coaching nació en la época de la filosofía gracias a Sócrates; filósofo preocupado por transmitir algo más que conocimiento. Él buscaba que los aprendices interiorizaran los conocimientos y los reprodujeran significativamente a través de la enseñanza.

"Aquel que no sirve para transmitir conocimiento, no sirve", es una frase sacada de mi autoría que hace referencia a que en cada ocasión que nos encontremos con la oportunidad de aportar algún conocimiento a la sociedad, algo que transforme, que incentive o motive a la transformación ya mencionada lo hagamos puesto que nunca sabremos a quien realmente puede serle útil y lo reproduzca con sus semejantes.

Un poco de Sócrates

Nació el 470 a.C. en Alopece, un burgo de Atenas. Se cree que era poco agraciado y corto de estatura. Desde niño demostró facilidad de palabra y agudeza de razonamiento.

Su padre fue un cantero o escultor llamado Sofronisco, y su madre fue Fainarate, comadrona.

Con una gran agudeza de razonamiento y facilidad de palabra, pasó la mayor parte de su vida en los mercados y plazas públicas de Atenas manteniendo discusiones y respondiendo mediante preguntas, un método denominado mayéutica; o conocimiento a través del cuestionamiento

La base de sus enseñanzas y lo que inculcó fue la creencia en una comprensión objetiva de los conceptos de justicia, amor y virtud y el conocimiento de uno mismo. Creía que todo vicio es el resultado de la ignorancia y que ninguna persona desea el mal; a su vez, la virtud es conocimiento y aquellos que conocen el bien actuarán de manera justa[1].

Algunas de sus frases más conocidas:

"Yo sólo sé que no sé nada"

"Habla para que yo te conozca"

"Sólo es útil el conocimiento que nos hace mejores"

"Sólo el conocimiento que llega desde dentro es el verdadero conocimiento"

Asimismo, Sócrates creó su propio método socrático, el cual es una forma de dialéctica (método para alcanzar la verdad cuestionando los conceptos formados o adquiridos).

El método práctico basado en el diálogo (dialéctica) consta de dos fases:

a) *Ironía*: Sócrates lograba que su interlocutor reconociese su ignorancia a partir de la cual estaría preparado para la búsqueda de la verdad.

b) *Mayéutica*: A través de la cual se busca la verdad, dicha búsqueda consiste en un progreso en la exactitud de las definiciones elaboradas. Mientras más correcta sea la

---

[1] Redacción de buscabiografias.com (1999) Sócrates. Con posteriores actualizaciones. Recuperado de:
https://www.buscabiografias.com/biografia/verDetalle/8068/Socrates

definición, más correcta será la verdad (Leonardo Javier, Arte y Ciencia del Coaching, 2005).

El coaching esta basado en el método socrático, sobre todo de la mayéutica para que el cliente se acerque hacia su propia verdad. El cliente sabe lo que debe hacer, en algunas ocasiones no lo reconoce debido a que mantiene creencias arraigadas que lo hacen ser una persona limitante; por lo tanto, la herramienta que aporta Sócrates al coaching es fundamental para poder apoyar al cliente en la búsqueda de la verdad.

El trabajo de un coach es proporcionar herramientas para lograr la búsqueda de la verdad, más no dar respuestas, a continuación, se mostrará un ejemplo:

Cuando un coachee se presenta argumentado que necesita mejorar sus relaciones humanas, un coach le replicaría a su cliente o coachee una pregunta para lograr la búsqueda de la verdad, por ejemplo: "¿Qué entiendes tú por relaciones humanas?", de esta forma se ejerce presión al interlocutor del cliente donde deberá otorgar una definición y demostrará que quizá el concepto que esa persona tiene sobre relaciones humanas, pueda basarse probablemente en prejuicios o creencias erróneas.

De esta manera el coach comienza a ejercer las enseñanzas que transmitió Sócrates al coaching.

Platón y el Coaching

Platón nació en Atenas en el 428/427 a.C. y falleció en el 347 a.C. De acuerdo con el Ministerio de Educación y Ciencia en el área de Filosofía (2017), Platón se encontraba en el seno de uno de los linajes más distinguidos de Atenas, en el cual era tradicional la política. Platón murió en el 347 a. C., a los 81 años de edad, en plena actividad tanto como maestro como escritor.

Así como Sócrates, Platón se encontraba en búsqueda de la verdad, puesto que Sócrates fue su maestro. Platón practicaba la política, que en ese entonces tenía otro concepto en la Antigua Grecia, tenía la idea de que la virtud es conocimiento.

Dicho lo anterior esto es interesante puesto que va ligado con lo que trabaja el coaching, que desde ese entonces podría decirse que ya se estaba practicando sin llegar aún al concepto que tiene actualmente.

Para el coaching es fundamental que la virtud sea conocimiento debido a que el cliente aprenderá de sí mismo para descubrir y explotar su potencial, establecer objetivos, así como determinar las herramientas que implementará para el logro de éstos.

Una de las aportaciones de Platón al coaching más significativa es la importancia **del diálogo constructivo**, entendiendo éste como un proceso que va más allá de la adquisición de conocimientos. Para ello utiliza como herramientas las preguntas poderosas y la escucha activa en ese camino hacia la toma de consciencia del individuo (primera fase) y en una segunda fase por la puesta en acción[2].

El éxito total dependerá de cuántas preguntas te estés haciendo tú mismo (M.C.I. Írisz Császár en la conferencia del 1er Seminario Internacional de Coaching y PNL, octubre

---

[2] Castillo-Sánchez (s/f) El Trabajo Social ante los retos del siglo XXI: Nuevas aportaciones desde el Coaching. [PDF file]

2017).

Retomamos las preguntas y la escucha activa de Platón en conjunto con la dialéctica de Sócrates para reafirmar que un coach es aquel profesional encargado de acompañar a su cliente en el sendero de la búsqueda de la verdad, ayudándolo a través de preguntas poderosas (es decir, una serie de preguntas clave o guía), que despierten el inconsciente del individuo para que este logre sacar desde su ser lo que tanto anhela o desea y así poner a trabajar un plan de acción.

Dicho lo anterior, este plan de acción puede ser el Proyecto de Realización Personal (por sus siglas, P.R.P.). Un proyecto de actividad creado por la Academia de Coaching y Capacitación Americana en la que se enseña al coachee y aprendiz de coaching a dar estructura clara de objetivos y metas trabajando con los sueños de este, otorgando fechas en primera instancia para hacer poderosa esta intención y convertirla de sueño a meta.

Esta herramienta como otras que pueden ser creadas gracias a la programación neurolingüística servirán como guía a todo coach en formación, generando algo más que conocimiento, sino algo realmente práctico que la persona que recibe el servicio de coaching pueda reproducir en cualquiera de sus esferas (laboral, social, educativa, etcétera).

Aristóteles y el Coaching

Para María José Castillo Sánchez (2017), Aristóteles distinguió entre lo que somos (el ser en primera naturaleza) y lo que podemos llegar a ser (el deber ser). Afirma que las mayores motivaciones del hombre es la búsqueda de la felicidad.

En el coaching verificar las motivaciones de nuestros clientes toma demasiada importancia, así como forma parte de la escucha activa y la sintonía entre el coach con su coachee.

Gracias a las habilidades de observación sobre todo de prestar atención podremos corroborar si en realidad nuestro cliente desea alcanzar tal objetivo, si le notamos interés o no.

Asimismo, el arte de preguntar se presenta nuevamente, de esta forma incentivamos al cliente a que realice diálogos interiores para después crear diálogos constructivos, acuerdos, más que nada acuerdos con el cliente mismo, con su ser, para que de esta forma comience a potenciar su personalidad.

La filosofía como su definición "amor a la sabiduría" nos dice: puedo interpretar que además de buscar la verdad a través de la sabiduría, amemos la sabiduría, tomemos la vida con calma, entreguémonos un tiempo en reflexionar y sobre todo a preguntar; puesto que las preguntas que más cuentan son aquellas que nos hacemos a nosotros mismos.

Preguntar y reflexionar acerca de nuestras preguntas y respuestas son valores clave que serán de utilidad tanto al coach como al cliente para completar la búsqueda de la felicidad de cada individuo.

Coaching en Europa.

Bien, vamos a hablar ahora acerca de la historia que ha venido aconteciendo al coaching a través del mundo, específicamente en Europa; continente donde desarrolló algunas ideas.

El coaching en Europa se popularizó gracias a Timothy Gallwey y John Whitmore, aunque tiene sus orígenes del estadounidense Gallwey (el cual veremos en el siguiente punto).

Whitmore retomó la metodología del juego interior puesto que se dejó influenciar por la psicología humanista. Es en esta parte donde el coaching comienza a apoyarse de otras ciencias para conformarse y consolidarse con leyes y normas profesionales las cuales también veremos en los siguientes apartados.

De acuerdo con Francisco Cerda[3] "La mejor explicación de coaching que he leído", Whitmore elaboró las siguientes premisas del coaching europeo, el cual él decidió enfocar hacia el lado de las organizaciones en cuanto a Recursos Humanos (RRHH).

1. *Elevar la conciencia*: La capacidad de darse cuenta. Esto permitirá al cliente una mayor comprensión de sí mismo y la posibilidad de identificar el lugar adonde realmente quiere llegar. La conciencia se desarrolla a través del autoconocimiento, alimenta la confianza, la seguridad y la responsabilidad[4].

El darse cuenta además es un trabajo puro de introspección que realiza la persona, así va descubriendo sus

---

[3] Cerda, (2010) La major explicación de qué es coaching que he leído. Recuperado de https://www.scribd.com/document/176643557/La-mejor-explicacion-de-que-es-coaching-que-he-leido

[4] Bolaños, (2014) John Whitmore padre del Coaching. Recuperado de www.lanuevarutadelempleo.com/Noticias/john-whitmore-padre-del-coaching

fortalezas, debilidades y oportunidades, a lo que nos recuerda mencionar el Método F.D.O., creado por la MCI Jacqueline Betancourt, (Libro *"Coaching Para Ser"*, 2017), y el cual es una técnica que se aplica en coaching. Invita al cliente a darse cuenta de sus fortalezas, debilidades y oportunidades que tiene en su vida, de acuerdo a las 9 áreas de la vida del eneagrama de vida; esta es una herramienta registrada por la Academia de Coaching y Capacitación Americana.

Una vez identificadas estas situaciones en el método viene la parte de asumir la responsabilidad y desarrollar la confianza en uno mismo.

2. *Asumir la responsabilidad*: La responsabilidad implica reconocer que somos dueños de nuestras acciones. Hacernos responsables es la única opción de darnos el poder de intervenir en nuestra vida.

El hacernos responsables además nos indica un grado de nivel de maduración cognitiva, así como una ventaja para desarrollar inteligencia emocional y escucha activa. Con ello podemos pensar fría y calculadamente soluciones para una determinada situación; en lugar de enfocarnos en el problema buscando culpables.

3. *Desarrollar la confianza en uno mismo*: Para saber que podemos conseguir aquello que deseamos, para reconocernos como un ser único y valioso. La persona que cree en sí misma tiene confianza en lo que hace y en lo que es. El que cree en sí mismo también creerá en los demás, en el futuro, en la sociedad que le rodea, tendrá una actitud más abierta al cambio y a la posibilidad además de la famosa frase: "Lo que CREES, lo CREAS".

Dicho lo anterior con esta frase mencionada se pretende establecer toma de conciencia entre la población para que el pensamiento impronta, es decir, el aprendizaje que se nos ha inculcado para un mundo que ya no existe, debido a la época en la que nos encontramos y la cual se encuentra globalizada.

La confianza es la herramienta, sin duda alguna (en voz de su autor), más poderosa en el mundo del coaching. Un cliente que llega sin confianza, tímido, muy difícilmente logrará cumplir sus objetivos, dejándolos a medias (inconclusos).

¿Qué ocurre cuando un cliente se presenta sin confianza alguna?

Normalmente esto va con mayor profundización en los siguientes capítulos, puesto que cuando un cliente se presenta con poca o nula confianza, se le aplica, además de las poderosas herramientas del I.N.A. (Identificación de Necesidades de Aprendizaje), la programación neurolingüística (PNL).

Inicialmente la PNL es una técnica que se utiliza en distintas disciplinas, es decir, es multidisciplinaria, tanto psicólogos, como pedagogos, mentores, y coaches utilizan esta herramienta para trabajar con las creencias y valores del cliente.

En voz del autor es ideal ejercitar una de las técnicas del espejo como ejercicio de reflexión y de tarea del cliente en cuanto se encuentre sólo en algún lugar que sea de su agrado.

El mirarse frente al espejo es mirar al propio ser, la esencia pura de la personalidad. Hablarse así mismo sirve para además de estimular la creatividad e imaginación. Se va forjando un vínculo de comunicación interna con la persona que lo practique, despejando su mente y dejando en claro dudas.

Asimismo, el espejo sirve como reflexión a todos los alumnos que estén en proceso o sean recién egresados y estén practicando coaching en la vida real.

Coaching en los años 70 (Inner game).

Comenzó a aplicarse a mediados de los años 70 dentro del ámbito deportivo cuando Timothy Gallwey (profesor de literatura y capitán en la Universidad de Harvard del equipo de tenis) se dio cuenta de que el principal freno de un deportista no está en su cuerpo, si no en su mente, creó un método y libro titulado *El Juego Interior* (1997), basado en la idea de que:

"En cada actividad humana hay dos ámbitos de actuación: el externo y el interno. El juego exterior se juega en un escenario externo para superar los obstáculos externos para alcanzar un objetivo externo. El juego interior se lleva a cabo dentro de la mente del jugador y se juega contra varios obstáculos como el miedo, la duda, los lapsos de atención y la limitación de conceptos o suposiciones. El juego interior se juega para superar los obstáculos autoimpuestos que impiden a la persona o equipo acceder a todo su potencial." (Es el juego contra los obstáculos del miedo y la desconfianza de uno mismo) – (Cerda, 2010).

El juego interior descrito por Gallwey hace referencia a aquellas creencias limitantes que se encuentran dentro de nosotros, las cuales nos impiden avanzar. Una clara demostración del juego interior es cuando una persona no se considera lo suficientemente bueno en determinada área; por lo tanto, piensa que hará de pésima manera su trabajo, con esto logra improntarse, por ejemplo.

Escuela de Coaching Norteamericana:

Desarrollada por Thomas Leonard

Leonard desarrolló una manera de hacer coaching basado en el desarrollo del modelo autodenominado 5x15. Esto consiste en 5 elementos interrelacionados, cada uno de ellos compuesto por 15 ítems. Por ejemplo, las quince competencias las recogen las habilidades básicas que debe desarrollar el coach para llevar a cabo una sesión con éxito:

1. Generar conversaciones provocadoras en sesiones cortas. Escuchando al cliente, cuestionándole, haciendo preguntas adecuadas, buscando claridad.

2. Facilitar el autodescubrimiento. Porque cuanto mejor se conoce uno a sí mismo mejores decisiones puede tomar.

3. Sacar lo más grande. Pidiendo al cliente que piense y actúe a lo grande, que suba el listón y sus estándares.

4. Disfrutar inmensamente del cliente. Cuando el coach disfruta con un cliente se desarrolla un alto grado de confianza de forma natural. Los clientes corren más riesgos, avanzan rápidamente.

5. Ampliar los esfuerzos del cliente actuando como catalizador y acelerador.

6. Navegar vía curiosidad. Dejarse guiar por ella para que se produzca el aprendizaje en un doble sentido; debido a que el coach también aprende de su interrelación con el coachee.

7. Reconocer la perfección en cada situación. Una forma de ver la vida es creer que todo lo que sucede, sucede por una razón perfecta.

8. Poner rumbo a lo más importante. Dependiendo del momento lo que es más importante para el cliente cambiará. El coach es rápido para identificar esta diana móvil y flexible para ajustar el coaching para que sea efectivo en este nuevo camino.

9. Comunicar claramente. Los coaches trabajan para limpiarse de prejuicios, juicios, necesidades insatisfechas, "deberías", "podrías", discursitos, agendas, arrogancia y miedos.

10. Contar lo que percibes. Cuanto más a menudo y más fácilmente un coach pueda compartir lo que ve, siente y escucha; añade mayor valor para ese cliente.

11. Ser el hincha del cliente. Cuando el coach se convierte en un hincha del cliente a todos los niveles (incluyendo sus acciones, progreso, sueños, características, compromisos, dones y cualidades); el cliente incrementa sus probabilidades de éxito.

12. Explorar nuevos territorios. El coach amplía la forma de pensar del cliente tejiendo nuevos conceptos, principios y distinciones durante la sesión e invita al cliente a probar nuevas formas de hacer las cosas; incluso identificar nuevas metas o resultados.

13. Saborear la verdad. Siempre hay una verdad que, cuando se descubre y se articula, puede transformar la vida o el negocio de una persona.

14. Diseñar un entorno favorable. El éxito, por no

mencionar la evolución personal, puede ser sostenible cuando existen entornos y estructuras de seguridad que lo apoyan.

15. Respetar la humanidad del cliente. Todos tenemos límites tanto internos como externos. El coach sabe esto y lo respeta[5].

Dicho lo anterior, Leonard estableció una serie de 15 pasos o leyes que deben seguirse antes de aplicar el coaching. Básicamente forma parte de las leyes que el coach debe de leer y aprenderse para reproducirlas significativamente.

Aprender a comunicar efectivamente es misión del coach que desarrollará en cada sesión frente a sus clientes. Gracias a la comunicación pueden establecerse metas entre el cliente y el coach para llevarlas a cabo y evaluar el proceso del servicio de coaching.

Un coach debe estar siempre atento y liberado de todo juicio de valor (prejuicio) que pueda tener sobre el cliente debido a que esta conducta además de ser anti-profesional creará una barrera de comunicación entre el coach y su cliente; con lo cual el trabajo difícilmente se podrá ver concretado con excelencia.

Respetar las decisiones que el cliente tome además de promover sintonía entre ambos es una forma de demostrar el valor del respeto y la tolerancia; de lo contrario esto se convierte en un tipo de violencia guiado por valores

---

[5] Fundación Iemotiv (2017) Modelo Coachville. Recuperado de
http://iemotivcoaching.blogspot.com/2017/02/modelo-coachville-5-x15.html

negativos como la soberbia o el orgullo.

Adentrar al cliente a que pruebe nuevos territorios es sacarlo de su zona de confort. Invitamos con esto al cliente a que analice y actúe sobre la decisión que vaya a ejecutar para después desarrollar a cabo planes de acción tales como un P.R.P. (Proyecto de Realización Personal) u otros para lograr los objetivos propuestos.

El coach disfrutará siempre de sus clientes, de cada uno de ellos se obtiene un nuevo conocimiento que le permitirá reproducir con otras sesiones de coaching con otros coachees, todo en la vida es un constante ciclo de aprendizaje, y un coach que es excelente jamás deja de buscar la verdad, por ende, su formación de aprendizaje e instructor terminará.

De acuerdo con M.C.I. Jacqueline Betancourt (2017), quien comentó en una de sus clases lo siguiente:

"No conozco otra forma de trabajo que no sea la excelencia, yo no soy una profesora dulce, al contrario, soy la profesora más exigente que puedas tener, yo te muevo, te saco de tu zona de confort, para mí, la mediocridad no existe, yo trabajo con gente de excelencia, yo viví varios años de mediocridad, hasta que el coaching llegó a mi vida, le di permiso de cambiar mi vida y transformarme".

Como se mencionó en el párrafo anterior, "La Coach de las Américas", M.C.I. Jacqueline Betancourt, reafirmó con el texto citado que un coach debe siempre estar trabajando en excelencia, no bajar la guardia. Primeramente, el coach de excelencia deberá darse permiso para descubrirse a sí mismo, a su ser, trabajar consigo mismo y explotar su potencial para poder ser el instructor de otros clientes o aprendices de coaching.

Thomas Leonard falleció el 11 de febrero de 2003 a la edad de 47 años, en Phoenix, Arizona, Estados Unidos. Fundó en 1995 la International Coach Federation y la Integral Coach Factory, así como escribió los siguientes libros:

1. *MK 92 MOD 2 Fire Control System Maintenance Advisor Expert System: Implementation and Deployment (MK 92 MOD 2 Sistema de control de incendios Sistema experto de asesor de mantenimiento: Implementación e implementación)*, 1996.
2. *Working Wisdom: top 10 lists for improving your business (Sabiduría de trabajo: las 10 mejores listas para mejorar su negocio)*, 1997.
3. *The Portable Coach: Twenty eight sure-fire strategies for business and personal success (El entrenador portátil: Veintiocho estrategias seguras para el éxito empresarial y personal)*, agosto de 1998.
4. *The 28 Laws of Attraction: stop chasing success and let it chase you (Las 28 Leyes de la Atracción: deja de perseguir el éxito persiga)* agosto, 1998.
5. *Becoming a Coach: The Coach U Approach (Convertirse en coach: El enfoque del coach U)*, octubre, 1999.
6. *Seed Secrets (secretos de semillas)*, 2007.

Thomas Leonard revolucionó y posicionó excelentemente al coaching en los Estados Unidos. Sus enseñanzas aún continúan siendo impartidas[6].

El coach de excelencia deberá estar siempre capacitado y preparado para trabajar con cualquier cliente que se le presente. Es ideal que los coaches se sumen a comenzar a escribir textos.

Un libro es una detallada investigación exhaustiva de los procesos del coaching en la práctica, que enriquecen tanto a los lectores como al autor mismo; al darle formato y plasmar experiencia que enriquecerá a demasiadas personas y profesionistas afines a la disciplina de coaching.

El coaching no se termina hasta aquí. De hecho, existe todavía más que agregar desde la escuela existencialista. Pensamiento fenomenológico, construccionismo, psicología humanista, incluyendo las tendencias actuales del coaching, tales como el ontológico, sistémico, entre otros.

Para ser breves con lo que acabo de mencionar, la escuela existencialista fundamenta su perspectiva en las filosofías fenomenológico-existenciales. Centrándose en la condición humana en su conjunto, la Terapia Existencial aplaude las capacidades humanas y anima a los individuos a asumir la responsabilidad por sus éxitos[7].

En lugar de ahondar en el pasado el enfoque existencial

---

[6] Wikipedia contributors. (2018, June 5). Thomas J. Leonard. In Wikipedia, The Free Encyclopedia. Retrieved 19:53, September 10, 2017, from https://en.wikipedia.org/w/index.php?title=Thomas_J._Leonard&oldid=844592197

[7] Psicoactiva.com (2017) La Psicología Existencial o Existencialismo. Recuperado de https://www.psicoactiva.com/blog/la-psicologia-existencial-o-existencialismo/

se centra en el aquí y ahora; la exploración de la condición humana en su conjunto y lo que significa para un individuo. Los filósofos asociados con este enfoque son Søren Kierkegaard y Friedrich Nietzsche.

Sus principios básicos son los siguientes:

- El ser humano es electivo; por ende, capaz de elegir su propio destino.
- El ser humano es libre para establecer sus propias metas de vida y objetivos.
- El ser humano es responsable de sus propias elecciones.

De acuerdo con el sitio web "Profesores en Línea", nos encontramos con la definición de fenomenología; la cual nos dice que es la doctrina filosófica que estudia lo que aparece, es decir, los fenómenos.

Fue iniciada por el filósofo J.H. Lambert (1728-1777), al investigar sobre el tema de las apariencias. En la modernidad surge en el siglo XX en Alemania con Husserl. "La fenomenología es el estudio de la ciencia del fenómeno, puesto que todo aquello que aparece es fenómeno".

Algunos representantes de esta doctrina son, Edmund Husserl y Max Scheler.

El pensamiento fenomenológico busca la esencia del ser de la persona, no lo que aparenta ser. Es importante distinguir esta definición. Actualmente un cliente (en coaching) puede presentarse con un "sueño" el cual realmente no desea ejercer. Si no lo quiere cumplir para demostrar algo, o aparentar ser algo que no es, es fundamental que el coach acompañe al cliente en la búsqueda de la verdad, en encontrar esa "chispa" o detalle de pasión que guarda el coachee para liberarlo y comenzar a trabajar en él.

El construccionismo, teoría del aprendizaje de Seymour Papert, tomó ideas de Jean Piaget. Estos dos personajes comenzaron a marcar desde el enfoque de la psicología y pedagogía cómo se produce el aprendizaje.

Desde ellos y muchos más autores nacen los conceptos del aprendizaje significativo, el cual no consiste en solo transmitir conocimientos sino hacer que el individuo reproduzca y aplique esos conocimientos en su vida. De esta forma el sujeto comienza a construir su camino en la búsqueda de la verdad.

Desde estas bases el coaching toma partida de que el cliente será él mismo el que construya sus propias metas para alcanzar sus objetivos propiciando el autoconocimiento y la autoconsciencia; puesto que es el sujeto el que obtendrá sus propias conclusiones de lo que está aprendiendo. Para eso existe la medición del progreso con la cual el coach corrobora lo que está comprendiendo y aplicando el cliente.

¿Sabías qué?

De acuerdo al libro *Coaching con PNL (2004)*, de Joseph O´Connor y Andrea Lages, existen distintas clases de coaching: personal, ejecutivo, empresarial y deportivo. Los cuales conforman las *cuatro grandes áreas de especialización*.

Existen muchas tendencias nuevas de coaching, como el coaching social y sistémico. Es interesante que si usted desea conocer más acerca de estas tendencias investigue de acuerdo a otros libros de coaching.

El coaching actual y la ICMF

Se ha establecido los orígenes del coaching desde la filosofía con Sócrates, Platón y Aristóteles, así como se ha mostrado su evolución en Europa y los Estados Unidos de América en los años 70 con el inner game.

Ahora vamos a conocer la definición más actualizada sobre ¿qué es coaching?, según la International Coaching and Mentoring Federation (ICMF), en su página web (http://www.federaciondecoaching.com), donde por último plasmaremos su código ético donde abordaremos una comprensión y reflexión de lo escrito.

El coaching como profesión está relacionado tanto con el modo de hacer estas cosas como con lo que se hace.

El coaching ofrece resultados a causa de la relación de apoyo entre el coach y la otra persona y de los medios y el estilo de comunicación utilizados. La persona toma consciencia de los hechos no a través del coach sino de sí misma.

El coaching proporciona el potencial para avanzar en los objetivos deseados y las perspectivas a corto, mediano y largo plazo.

El coaching es una práctica basada en principios simples:

- El arte de hacer preguntas.
- La escucha activa y la reformulación.
- Retroalimentación positiva.
- La conciencia.

- La consideración positiva incondicional.

Nos encontramos una definición actualizada que nos comparte la International Coaching and Mentoring Federation, la cual dice que el coach además de trabajar con objetivos, ahora se encuentra con las perspectivas.

Esto puede deberse a que una perspectiva viene a raíz de una creencia, y una creencia viene a raíz de la formación de un valor, y un valor viene a raíz de una impronta, y una impronta viene a raíz del aprendizaje que adquirimos desde la infancia a través del modelado.

Nuevamente el arte de cuestionar al cliente aparece, es fundamental, se puede decir que es la parte más importante del trabajo puesto que sin esta no se puede avanzar a trabajar con demás aspectos de la vida del cliente.

La escucha activa a través de la comprensión y de acuerdo a los 4 niveles de escucha:

- Oír.
- Escuchar a.
- Escuchar para.
- Escucha consciente.

Combatiendo a los enemigos de la escucha consciente, los cuales son:

- Diálogo interno.
- Tensión muscular.
- Mirada fija.

Por lo tanto, el coach deberá estar prestando atención a lo que dice el cliente y sobre todo a cómo lo dice, cómo está expresando la emoción gracias al calibraje; término de la programación neurolingüística que consiste en reconocer con precisión lo que una persona siente a través de señales no verbales.

Dicho lo anterior también se trabaja con las posiciones perceptivas, las cuales consisten en percibir el problema desde diferentes puntos de vista y los cuales son 4 mostrados a continuación:

1. De tu propia realidad: Conócete a ti mismo.

2. Habla del punto de vista de tu cliente: Esto significa comprender el punto de vista sin que tengamos que darle la razón; o debamos estar de acuerdo con él por sus acciones cometidas.

3. Del observador: Consiste en tomar un punto de vista exterior y desapegado.

4. Posición ecológica: Tiene que ver con las situaciones que están alrededor del cliente.

Más adelante en los próximos capítulos estas posiciones perceptivas positivas serán desarrolladas y profundizadas; pues toman demasiada importancia para el coaching como vía en el desarrollo de talento en los jóvenes.

A continuación, mostraremos el código de ética del coach, lineamientos que todos los profesionales de coaching una vez certificados por la respectiva academia o institución donde se hayan formado deberán completar su registro.

Código de Ética del Coach

Código Deontológico

1. Normas y condiciones generales.
1.1. El *coach* en cualquiera de sus áreas de entrenamiento no discriminará a

nadie por razones de: edad, género, raza, etnia, cultura, origen nacional, religión, orientación sexual, discapacidad, estatus socio económico o cualquier otro motivo similar, tal y como se encuentra recogido en la Declaración Universal de los Derechos Humanos.

1.2. Antes de iniciar cualquier actividad, el coach informará y cambiará impresiones con el cliente sobre sus derechos, las funciones que desempeñará y las condiciones generales del acuerdo.

1.3. El coach elaborará acuerdos o contratos claros con el cliente o clientes. Respetará los acuerdos y contratos constituidos en el contexto de las relaciones de coaching profesional.

1.4. Cuando el cliente sea un menor de edad, cualquier permiso que sea necesario será solicitado a sus padres o a su tutor legal. Se tomarán todas las precauciones para preservar la confidencialidad y seguridad del menor.

1.5 Los *coaches* y facilitadores de PNL respetarán el derecho de los clientes a tomar sus decisiones respecto a lo que surja en las sesiones de *coaching*. Excepto cuando estas decisiones puedan causar daños a sí mismo, a otros *coach*/facilitadores de PNL o a terceros. Es responsabilidad del *coach*/facilitador de PNL el propiciar una relación clara y sin ambigüedades con el cliente.

1.6. El coach respetará el derecho del cliente a concluir la relación de coaching cuando lo desee durante el proceso, según las cláusulas estipuladas en el acuerdo o contrato. Estará atento a los indicios que muestren que el cliente ha dejado de beneficiarse de la relación de coaching.

1.7. El coach no realizará intencionadamente declaraciones públicas engañosas o falsas sobre lo que ofrece como coach, ni realizará declaraciones falsas por escrito en ningún documento con relación a la profesión de coaching, acreditaciones o a ICMF.

1.8. Como coach o facilitador de PNL no mantendrá relaciones sexuales con ninguno de sus clientes o patrocinadores.

1.9. No obtendrá intencionadamente ninguna ventaja ni beneficio personal, profesional o económico de la relación cliente/*coach*, excepto en forma de compensación según lo estipulado en el contrato o acuerdo entre ambas partes.

1.10. El *coach*/facilitador de PNL se comprometerá a no iniciar prácticas o procesos que excedan o estén más allá de su experiencia práctica, su entrenamiento, su formación y su supervisión. El *coach*/facilitador de PNL ayudará al cliente en la búsqueda de otra asistencia profesional, si considera que no puede atender apropiadamente al cliente, o si considera que el tipo de atención que el sujeto está demandando queda fuera de su ámbito profesional.

1.11 El coach/facilitador de PNL dará fin a un proceso de trabajo cuando:
a) Esté razonablemente claro que el cliente no necesita de sus servicios durante más tiempo.
b) El coach/facilitador de PNL considera que el cliente no obtiene beneficio con el trabajo de las sesiones.

<table>
<tr><td>

c) Considera que no puede atender apropiadamente al cliente, o que el tipo de atención que el sujeto está demandando queda fuera de su ámbito profesional.

d) Considera que el cliente puede ser dañado si el tratamiento se prolonga en el tiempo.

e) El compromiso de trabajo se ha roto por parte del cliente o transgrede los límites establecidos.

f) f) Existe peligro de daño a sí mismo, al cliente o a terceros.

</td></tr>
<tr><td>

1.12 El coach/facilitador de PNL comunicará al cliente la finalización del compromiso profesional de forma sensible y adecuada a las circunstancias, y en un plazo de tiempo razonable.

</td></tr>
<tr><td>

1.13 El coach no se aprovechará de cualquier aspecto de la relación coach-cliente para su beneficio personal, profesional o económico.

</td></tr>
<tr><td>

1.14 Revelará y comunicará a su cliente toda compensación anticipada de terceros que pueda recibir por referidos de ese cliente.

</td></tr>
<tr><td>

2. Confidencialidad

</td></tr>
<tr><td>

2.1 Los coaches/facilitadores de PNL protegerán la información confidencial que provenga de los clientes dentro del contexto de su relación profesional. Los coaches/facilitadores de PNL protegerán igualmente esta información con posterioridad a la finalización de la relación profesional con sus clientes.

</td></tr>
<tr><td>

2.1 El coach/facilitador de PNL trabajará con el cliente en un entorno seguro que proteja su confidencialidad y su privacidad.

</td></tr>
<tr><td>

2.2. El coach/facilitador de PNL preservará en las sesiones de supervisión el anonimato de su cliente.

</td></tr>
<tr><td>

2.4. El coach/facilitador de PNL no revelará información confidencial, en ninguna circunstancia, sin el permiso explícito del cliente, excepto que el coach perciba un riesgo para la salud o para la vida del cliente o de personas cercanas. En este caso, cualquier revelación debe hacerse de acuerdo a las leyes que protegen el bienestar del cliente, de su familia y del público en general.

</td></tr>
<tr><td>

2.5. En el caso de que el coach/facilitador de PNL observe que es necesario hacer algún tipo de revelación sobre la información confidencial, pedirá al cliente (o a su tutor, si éste es el caso) su conformidad por escrito, antes de proceder. El coach/facilitador de PNL seguirá este procedimiento excepto en el caso en que considere que existe un peligro inmediato para la salud o para la vida de su cliente o para la de otros.

</td></tr>
<tr><td>

2.6. El coach respetará y registrará cualquier anotación y los datos personales del cliente (dirección, teléfono e-mail, etc.), cuyo soporte sea digital o de otro tipo y debe acogerse y respetar las leyes locales de protección de datos.

</td></tr>
<tr><td>

2.7 El coach miembro de la ICFM es responsable en velar por el cumplimiento de la ética, la fidelización de valores y principios del coaching en su área de trabajo o relacionado a su gestión educativa o a la representación formal o informal de la ICMF.

</td></tr>
</table>

La ICMF maneja estándares aceptables, debido a que ningún ser humano debe de ser capaz de atreverse a juzgar a otra persona por razones de: edad, género, raza, etnia, cultura, origen nacional, religión, orientación sexual, discapacidad, estatus socio económico o cualquier otro motivo similar, tal y como se encuentra recogido en la Declaración Universal de los Derechos Humanos, puesto que como semejantes se debe de respetar al prójimo, es cada persona libre de decidir tanto su orientación sexual, nacional, así como en cuestiones de cultura, religión, nacionalidades, raza, etnia, entre otras, es fundamental practicar el valor del respeto para crear una conexión con el cliente para desarrollar empatía y sintonía bien entendidas.

Asimismo, es fundamental informar al cliente sobre el proceso que se comenzará a trabajar con él, en dado caso que éste desconozca del coaching. Darle una breve explicación, informarle de sus derechos y funciones que desempeñará en la sesión a fin de lograr los objetivos de esta.

Es de vital importancia establecer un contrato firmado; esto para comprobar legalmente que el cliente está informado y de acuerdo bajo su consentimiento dado gracias a sus facultades mentales del servicio que recibirá del coaching.

Se debe de avisar a los padres y/o tutores del coachee cuando este se trate de un menor de edad. Los menores de edad variarán según leyes de cada país. Sólo los padres o tutores son los que tienen la facultad para decidir sobre el ser humano menor de edad si se debe disponer de los servicios brindados por el coaching; debido a que existen asignaciones como por ejemplo asistir a capacitaciones o comprar materiales; que en algunas ocasiones los menores de edad no tienen el capital económico por diversas cuestiones y solo los padres pueden pagar.

Lo anterior es un ejemplo del por qué deben estar enterados y de acuerdo los padres del menor, asimismo, la firma de un contrato establece el compromiso y obligaciones legales de los mismos y protege la integridad del coach.

Se considera como vital importancia respetar las decisiones del coachee en cuanto a si desea ya no disponer de los servicios del coaching, así como cualquier otra decisión que tome durante la misma; debido a que es valor universal el respeto al derecho ajeno. Frase célebre del expresidente de México, Benito Juárez García (q.e.p.d.) "El respeto al derecho ajeno es la paz".

Hablar con la verdad y practicar el valor de la honestidad es pieza clave del coach, puesto que este es un "modelo" a seguir del coachee. Por lo tanto, la honestidad debe ser predicada a través del ejemplo.

Asimismo, si no tiene la facultad de atender un caso este debe ser canalizado a otro coach o de lo contrario si se detecta que la situación del cliente no puede ser trabajada por el servicio de coaching. Debe entonces canalizarse a un especialista de otra área para trabajar con la persona; un psicólogo, psiquiatra u otro, que estudian la conducta y los procesos mentales.

Igualmente, respetar al cliente es evitar "engancharse" por su situación, la cual origine a que el servicio de coaching se pierda para ser una "cita" con fines sentimentales y/o sexuales. Esto ya no es ético, puesto que ya no se trabaja con la situación manifiesta del coachee.

En cuanto a la confidencialidad de las sesiones es labor del coach proteger toda la información del cliente; con el fin de que ninguna persona externa (terceras personas) pudiera agredir al cliente con esta información física o psicológica.

Se debe de obtener un registro sobre los datos del cliente, el cual será de uso confidencial y para fines de calidad en el servicio de coaching, retroalimentaciones, etcétera.

El anonimato es fundamental, puesto que, por ejemplo, en dado caso que se utilicen en los seminarios y capacitaciones de coaching ejemplos de la vida real para hacer las clases más dinámicas; el mismo hará que la persona que confió esta información estará totalmente protegida para el uso que pudieran existir de represalias y/o conductas que alteren o agredan física o psicológicamente a la persona.

Sólo en casos extremos de la situación del cliente donde el coach detecte que el cliente puede hacerse un daño así mismo o a alguien más, deberá revelar esta información con el fin de salvaguardar la integridad física tanto del cliente, como de terceras personas y la de él mismo.

Lo anterior en virtud que, en algunos países, incluso aunque una persona brinde un servicio de coaching, psicoterapia, entre otras más, si no se revela información y la persona atendida agrede, atenta contra la vida o practica conductas antisociales, será la persona que supo esta información considerada como "cómplice"; corriendo el riesgo de ser detenido y retirado de su actividad como profesional.

Esto podría además acarrear la anulación documentación

como de su cédula, constancia, título, certificación o cualquier otro documento que lo acredite como profesional en determinada área o carrera.

Asimismo, es para todo coach o mentor miembro de la ICMF, responsable de estar de acuerdo y enterado con los códigos de ética, con el fin de respetar la profesión y hacer un mejor uso de ella.

Coaching y sus diferencias con otras ciencias

Vamos a analizar las definiciones y a comparar las diferencias del coaching con otras disciplinas, en especial, existe una disciplina con la que es comparada, siendo esta la psicología, a través de las definiciones y de un cuadro comparativo de fuente elaboración propia se procederá a distinguir las disciplinas y ciencias presentadas.

El asesor

Es un experto que con su intervención generalizada y constante ayuda con los retos del día a día de una organización. Guía en el mejoramiento, asiste en el descubrimiento de problemas y aconseja dónde encontrar recursos y servicios útiles. Son estrategas, puesto que ayudan a desarrollar una manera de alinear las acciones del cliente con las metas y procesos de su compañía.

¿De qué forma se trabaja?

El tutor

El Tutor es una persona que realiza un proceso guiado con conocimiento previo del contexto en el que actúa su cliente, a través de orientación dentro de un ámbito formativo donde da pautas en cuanto al proceso de aprendizaje requerido.

El mentor

El Mentor es una persona experta en un área específica, que transfiere y comparte sus conocimientos a otra persona que requiere acelerar su desarrollo personal y profesional. Asimismo, es una persona "modelo", debido a que su amplia experiencia demuestra la manera de hacer las cosas en una relación de largo plazo.

El psicólogo

El Psicólogo es un profesional dedicado al estudio del proceso mental, conductas y experiencias humanas. Extrae lo negativo a través de una terapia que apunta al ¿Por qué?

Parte del pasado, descubre las patologías, profundiza y las atiende. Este proceso puede llevar años[8].

Procedemos a presentar el siguiente cuadro resaltando las diferencias del coaching con las ciencias ya antes mencionadas.

Disciplinas	¿Que es?	¿De qué forma se trabaja?	¿Cuál es su diferencia con otras disciplinas?
Coaching	Método de enseñanza fundamentado en el autodescubrimiento.	Dentro de un proceso conversacional basado en preguntas que harán que el cliente genere sus propias respuestas y soluciones a través de la liberación de su potencial.	- Se enfoca en el presente y en el potencial de las personas a través de generar en ellas el autodescubrimiento. - Es a corto plazo. - Está orientado a deberes.

---

[8] Pico, (s/f) DIFERENCIAS ENTRE COACHING, PSICOTERAPIA, MENTORING, COUNSELING, ASESORAMIENTO, ORIENTACIÓN Recuperado de https://psicopico.com/diferencias-coaching-psicoterapia-mentoring-counseling-asesoramiento-orientacion/

			- El objetivo es concretar asuntos, cómo aplicar de manera más efectiva, hablar de forma segura y aprender a cómo pensar de forma estratégica. Esto requiere un experto en contenidos (coach) que sea capaz de enseñar al coachee a cómo desarrollar estas habilidades.
Asesor	Experto que con su intervención generalizada y constante ayuda con los retos del día a día de una institución.	A través de estrategias que ayudan al cliente a alinear sus metas y objetivos con su empresa.	Se enfoca sólo en estrategias para ayudar a organizaciones con metas y objetivos, sin trabajar el potencial de las personas.
Tutor	Persona que realiza un proceso guiado con conocimiento previo del contexto en el que actúa su cliente.	Dentro de orientación de un ámbito formativo donde da pautas en cuanto al proceso de aprendizaje requerido.	Aplica únicamente orientación, generalmente ofrece alternativas de qué hacer ante una determinada situación.
Mentor	Persona experta en un área específica, que transfiere y comparte sus conocimientos a otra persona que requiere acelerar su desarrollo personal y profesional	A través de su experiencia demuestra la manera de hacer las cosas en una relación de largo plazo.	- El mentoring motiva el desarrollo. El fin es desarrollar a la persona no sólo para el trabajo actual, sino también para el futuro. - Es a largo plazo. - Está orientado a relaciones. Busca proporcionar un ambiente seguro donde el mentoree comparta cualquier problema que afecte su éxito profesional y personal.
Psicólogo	Profesional dedicado al estudio del proceso mental, conductas y	Utiliza una terapia que apunta al ¿Por qué?	- Trabaja diversas psicopatologías, siendo que las profundiza y

	experiencias humanas.		atiende. Generalmente parten del pasado. - Es a largo plazo.

Cabe destacar que el coaching no pretende ser en ningún momento una especie de psicoterapia, sino que es una disciplina libre de acompañamiento que se apoya de ciencias tales como psicología, pedagogía, filosofía (puesto que de ahí son sus orígenes), así como utiliza técnicas de apoyo como la PNL para el efectivo trabajo con el cliente.

A través de otras perspectivas se trabaja la inteligencia emocional, escucha activa, sueños, metas y objetivos de la persona, sin llegar a una psicoterapia que apunte al pasado, sin elaborar un perfil con base a una batería de pruebas psicométricas (psicodiagnóstico clínico), debido a que esa no es su función.

Como psicólogo puedo argumentar que el coaching es una herramienta excelente cuando lo que se desea trabajar es cuestión de metas y objetivos. Asimismo, en el código de ética de coaching viene establecido que es obligación del coach canalizar al cliente a buscar otro tipo de ayuda profesional cuando se descubra que el coaching no es lo que necesita.

Tampoco el coaching no cubre el trabajo de tutor, asesor o mentor, debido a que estas disciplinas se encargan de otras funciones tanto en organizaciones o con otros perfiles de personas.

Capítulo 2

Antecedentes Históricos de la Adolescencia

Hemos llegado al capítulo donde comenzaré a revelar detalles sobre la historia, así como el concepto de adolescente, cabe destacar que es fundamental conocer la historia del teenager, para poder comprender y promover adecuadamente el servicio que el coaching ofrece como una vía para el desarrollo de su talento.

Asimismo, se ofrece un espacio para comentar brevemente de la función y utilidad que el coaching ofrece, así como algunas estrategias de trabajo eficaces que no pueden faltar para estimular al adolescente a descubrir y alcanzar su potencial.

Adolescencia y juventud

Adolescencia

Según la Organización Mundial de la Salud (por sus siglas, O.M.S.), la adolescencia es el periodo comprendido entre 10 y 19 años. Es una etapa compleja de la vida, marca la transición de la infancia al estado adulto, con ella se producen cambios físicos, psicológicos, biológicos, intelectuales y sociales[9].

Se clasifica en primera adolescencia, precoz o temprana

---

[9] Grupo de Estudio de la OMS. (1986). La Salud de los jóvenes: Un Desafío para la Sociedad. Organización Mundial de la Salud [PDF File]. Recuperado de http://apps.who.int/iris/bitstream/10665/36922/1/WHO_TRS_731_spa.pdf

de 10 a 14 años y la segunda o tardía que comprende entre 15 y 19 años de edad[10].

En 1992 Sebald precisa que el significado del término de adolescencia es complicado, las definiciones de este período evolutivo son múltiples y responden a distintos enfoques disciplinarios.

Existen distintas definiciones de esta fase evolutiva del ser humano: sociológica, psicológica, fisiológica, legislativa, económica, tradicional, cognitiva, cronológica, etc.

Con respecto a lo anterior, un adolescente es aquél ser humano que se encuentra dejando atrás en el pasado una etapa donde fue un niño, en el cual ahora estará en la "línea media", por decírsele así antes de avanzar a la adultez. La sociedad, le impondrá normas que deberá acatar, los mismos padres, los cuales son los responsables de haber formado en el teenager hábitos originados a raíz de valores y creencias, los que reforzarán mencionadas creencias para que siga bajo su control.

De acuerdo con el libro: *¿Cómo cambiar creencias con PNL?*, del autor Robert Dilts, pasamos a citar el siguiente párrafo de su autoría.

"Al principio el niño es más o menos parte del ambiente. Nos ocupamos de él y pronto empieza a caminar y a desarrollar conductas y comportamientos. Entonces hay que empezar a

---

[10] Borrás, (2013) Adolescencia: definición, vulnerabilidad y oportunidad ISSN 1560-4381 Recuperado de
http://scielo.sld.cu/scielo.php?script=sci_arttext&pid=S1560-43812014000100002

50

enseñarle aptitudes: ¿cómo guiar esas conductas?, ¿cómo aprender algo más?, que no sea sólo romper cosas. Y, por supuesto, en la escuela el niño desarrollará directamente cada vez más aptitudes" (p. 10).

En este párrafo citado podemos comprender que el niño no solo aprende a caminar sino moldeamos su comportamiento. Generalmente e incluso coincidiendo con puntos de vista de psicólogos dedicados al área infantil, así como de pedagogos, refieren que quien educa realmente a un niño no son sus padres, sino sus abuelos.

Esto lo relacionamos a lo que Robert Dilts en su libro cómo cambiar creencias con PNL, explica que, durante los primeros años de vida, a través del modelado o aprendizaje por observación e imitación el niño adquiere conductas y patrones de comportamiento que repetirá para estar en sintonía con sus mayores; de esta forma poder ser aceptado.

Al niño se le impronta (término que describe cualquier tipo de aprendizaje ocurrido en cierta fase crítica, es rápido y aparentemente independiente de la importancia de la conducta), para que sea integrado a las normas y reglas sociales, así como familiares.

Una impronta ocurre desde los 0 hasta los 4 años de edad, o incluso a los 6 años, debido a que en esta etapa el niño se encuentra la mayor parte del tiempo en casa aprendiendo a cómo deberá comportarse antes de integrarse de tiempo completo a una sociedad donde se le refuerce reglas e interactúe con seres semejantes a él, esta etapa se le conoce como la etapa escolar, la cual involucra la esfera de socialización del niño.

De acuerdo con la Psicóloga Mayra Raquel Castro

Burgoin, a los padres nunca se les enseña a ser padres. Por lo tanto inconscientemente recuerdan cómo fueron criados por los suyos, para repetir este conocimiento, debido a que es la única fuente de información que poseen sobre cómo criar a un niño.

Siguiendo con el texto de Robert Dilts, él nos agrega que:

"Los problemas tan sólo comienzan cuando el niño empieza a desarrollar sus propias creencias, cuando desarrolla su propia identidad el conflicto finalmente estalla. Generalmente los hijos desean desarrollar su propia identidad y no ser sólo una parte de una familia. Quieren ser ellos mismos, ya no quieren hacer las cosas porque los padres digan, o porque es lo que la familia desea. Quieren hacer algo porque ellos mismos han decidido hacerlo y no porque nadie les diga que es lo mejor para ellos" (p. 11).

Este párrafo de Dilts reafirma que un adolescente se encuentra en la búsqueda de la verdad, se abre su propio camino, analiza qué le puede deparar el destino, es común ver entre adolescentes escuchar el mismo tipo de música, vestirse similar, adoptar estilos de habla (comúnmente llamado "modismos"), así como cambiar hasta de hábitos alimenticios. Todo lo que sea es bien recibido para ellos, puesto que están experimentando, se conocen así mismos y desean ver qué tan capaces pueden llegar a ser.

Citamos un ejemplo clásico cuando un niño se encuentra frente a una estufa y desea tocarla. La madre le dice al niño "no lo toques porque te puedes quemar". Esto es similar en el adolescente. Desean degustar lo que la vida les pueda ofrecer. Por tal motivo es ahí cuando en esta búsqueda de la verdad sin una adecuada orientación en especial de un excelente acompañamiento, como lo que el coaching ofrece; es cuando un adolescente puede llegar a "perderse a sí mismo", aceptando nuevas creencias para ser socialmente aceptado por su entorno.

Por último, Dilts invita a los adolescentes a la reflexión con esta última parte de su párrafo.

"Una forma es hacer algo que nadie quiere que hagas, sabiendo que si lo haces serás castigado. Obviamente, **si lo haces será únicamente por decisión tuya**. Si todos los demás te están diciendo que no lo hagas, que si lo haces te vas a buscar problemas, es evidente que si decides hacerlo, **debes ser tú quien lo ha decidido**, no pudo ser nadie más". (p. 11)

Dilts concientiza tanto al adolescente como al lector que es a final de cuentas uno mismo el que toma la decisión de realizar algo que te pidan las demás personas. No puede darse de forma obligatoria. Con esto se logra concientizar al adolescente que él puede aventurarse, conocer y comprender lo que le puede ofrecer la vida misma, sin embargo; él es el único que tomará una decisión sobre a dónde moverse.

Por lo tanto, como padres es fundamental aceptar las decisiones de los hijos y encaminarlos a que aprendan de cada decisión que tomen, para que con esto adquieran experiencia, así como logren una maduración mental en cuanto a este tema se trate.

Juventud

Las Naciones Unidas han definido "juventud", como el período entre los 15 y 24 años de edad. Dicho periodo iniciará a mediados de la adolescencia[11].

La adolescencia es un periodo de preparación para la edad adulta durante el cual se producen varias experiencias de desarrollo de suma importancia. Más allá de la maduración física y sexual, esas experiencias incluyen la transición hacia la independencia social y económica, el desarrollo de la identidad, la adquisición de las aptitudes necesarias para establecer relaciones de adulto y asumir funciones adultas y la capacidad de razonamiento abstracto. Aunque la adolescencia es sinónimo de crecimiento excepcional y gran potencial, constituye también una etapa de riesgos considerables, durante la cual el contexto social puede tener una influencia determinante"[12].

A esto también se le conoce como **biopsicosocial**, donde el desarrollo de las creencias comienza a hacer efecto. Es en esta etapa donde el adolescente fija sus creencias potenciadoras, así como las limitantes. Generalmente son las creencias limitantes las que más presencia tienen.

A continuación, comenzaremos a explicar las características del adolescente y el joven, para dar inicio a los orígenes de la palabra talento; así como de explicar la historia de la escuela y la integración del adolescente en su escuela.

---

[11] Unesco.org (s/f) La UNESCO: trabajando con y para los jóvenes Recuperado de http://www.unesco.org/new/es/popular-topics/youth/

[12] Organización Mundial de la Salud. (s/f) Desarrollo en la adolescencia. Recuperado de
http://www.who.int/maternal_child_adolescent/topics/adolescence/dev/es/

Características del Adolescente y el Joven

Adolescente

Cambios físicos en el adolescente

Comienza a aparecer el vello púbico y corporal, así como la activación del aparato reproductor y la libido, el cual consiste en la creación de espermatozoides y fluidos seminales en el varón, crecimiento de testículo y engrosamiento del pene. Mientras que en las mujeres implica el inicio del ciclo menstrual (o también llamado menarca), comienza a crecer las glándulas mamarias y el desarrollo de las glándulas de Bartolino; las cuales son encargadas de las secreciones vaginales, siendo por último un engrosamiento de los labios menores.

Finalmente, el engrosamiento de las cuerdas vocales en los varones, así como el reforzamiento mandibular, es tan característico de esta etapa como la aparición de la "nuez" (llamada nuez de Adán) en la garganta; que no es más que el ensanchamiento del cartílago tiroideo en su parte anterior.

Estos cambios físicos de la adolescencia, sin embargo, deben entenderse en contexto de las condiciones sociales, genéticas, nutricionales y étnicas del individuo, que resultan igual de determinantes[13].

Dicho lo anterior es fundamental comprender que un adolescente es un ser en proceso de cambio y adaptación, es una persona que está dejando atrás el primer mundo al que

---

[13] Enciclopedia de Características (2017). 10 CARACTERÍSTICAS DE LA ADOLESCENCIA Recuperado de:
https://www.caracteristicas.co/adolescencia/

perteneció (la infancia), debido a que ahora deberá adecuarse para poder entrar al nuevo mundo (su adolescencia); en el cual experimentará toda una serie de cambios físicos y psicológicos.

Cambios psicológicos

A grandes rasgos se espera de un adolescente cierta polaridad en el manejo de sus emociones. Lo cual conduce a irritabilidad, entusiasmos intempestivos, timidez e inseguridad y un rango de emociones fluctuantes que a menudo tienden a la tristeza.

De allí que la adolescencia sea un período que requiera de soporte y atención familiar, a la par que tolerancia y por lo general enormes cuotas de paciencia.

Como bien se mencionaba en textos anteriores, Robert Dilts aseguró que el adolescente comenzará a formar sus propias creencias, esto corresponde a parte de los cambios psicológicos, debido a que involucran la maduración, forma de pensar y relacionar conceptos lógicos del adolescente.

Dentro de los cambios psicológicos se encuentra un puñado de emociones característico de su edad. Se requiere de la comprensión y apoyo de actividades psicoeducativas; como la promoción de resiliencia y asertividad dentro de las escuelas y otros sitios públicos donde se puedan encontrar adolescentes.

En México existen programas que generan y promueven las habilidades socioemocionales dentro del aula, que similares con el coaching son clave para desarrollar de una excelente manera el talento.

Un ejemplo de ello es el programa federal de nombre

"Construye-T". El cual propone que los adolescentes formados puedan entender y manejar las emociones, así como establecer, alcanzar metas positivas, sentir y mostrar empatía hacia los demás; para que de esta forma establezcan y mantengan relaciones positivas con las personas que conforman su entorno logrando con esto una toma de decisiones responsable.

Sin duda el *coaching* va ligado con las habilidades socioemocionales, puesto que el cliente deberá conocerse en primera instancia a sí mismo, para después elegir aquello que realmente le satisfaga para relacionarse con otras personas o de medios para conseguir aquello por lo que desea y lucha.

Un *coach* es capaz de hacer que el cliente razone, analice a profundidad su situación y plantee una solución a dichas situaciones adversas en las que se encuentre. De esta manera es el cliente el que construye su propio conocimiento hacia su camino en búsqueda de la verdad; mientras que el coach cumple eficazmente su rol de acompañamiento con su *coachee*.

Gracias a las preguntas poderosas, a las habilidades generadoras y potenciadoras para establecer cambio, el coaching es un método de excelencia para trabajar con sueños, metas y objetivos; que explota al máximo las habilidades del cliente.

Cambios físicos y psicológicos en la juventud.

En la juventud se presentan diversos cambios o metamorfosis, sin embargo, no es demasiado a comparación en la adolescencia.

Sabemos que en la juventud es el período decisivo en que

las personas dejan de crecer en cuanto a estatura, los cambios corporales reflejados se quedan, tales como en el caso de los varones, la barba, vello púbico, bigote, mientras que en las mujeres el ensanchamiento de las caderas, crecimiento de senos, etcétera.

Los cambios psicológicos en la juventud son aquellos que se experimentan conforme a la maduración del ser humano. Se espera a que un "adulto joven", como así se les suele llamar, sea una persona en proceso de dejar atrás conductas que mostraba cuando era un adolescente; tales como divertirse en fiestas nocturnas, consumir alcohol, etcétera.

Se espera entones que el adulto joven sea una persona madura y consciente de sí misma, con asunción de responsabilidades, así como metas fijas y claras, además de objetivos.

El adulto joven puede ser aún una persona que le guste divertirse como adolescente, puesto que es normal comenzar a extrañar etapas y acostumbrarse a cerrar ciclos. Sin embargo, no debe de descuidar la parte productiva donde deberá comportarse como un profesional; es decir una persona responsable, cumplida y atenta en cuanto a sus objetivos y metas.

Los adultos jóvenes actuales plantean otro estilo de vida. Recordemos que cada generación es distinta una de la otra. Las tendencias actuales se encuentran a que los adultos jóvenes psicológicamente manifiesten su deseo de viajar alrededor del mundo, así como de no tener hijos. Este es un pensamiento recurrente en la mayoría de la población adulto joven.

Origen de la palabra talento

En "Etimologías de Chile", nos encontramos que la palabra "talento" viene del griego tálanton; el cual significa que es el plato de la balanza e involucra su peso. Los griegos y romanos calculaban en ese entonces el costo de algunas mercancías por medio de su peso, de ahí la palabra "peso", en el sentido de unidad monetaria. En algunos países, tales como Argentina, Cuba y México la palabra talento se usa para definir la aptitud o potencial de alguien para realizar una cierta actividad[14].

De acuerdo con Fabiana Andrea Méndez en su artículo: "Talentosos por Naturaleza"[15], establece lo siguiente:

- Poseer un talento natural no implica conocerlo.
- Conocerlo no es utilizarlo.
- Utilizarlo, no es sinónimo de hacerlo bien ni oportunamente.
- Un excelente uso del talento no alcanza para apropiarnos de él en pos del crecimiento personal.

Y define al talento como:

1. m. inteligencia (capacidad de entender).

2. m. aptitud (capacidad para el desempeño o ejercicio de una ocupación).

3. m. Persona inteligente o apta para determinada ocupación.

---

[14] Etimologias.dechile (s/f) TALENTO. Recuperado de: http://etimologias.dechile.net/?talento

[15] Méndez, (2015) Talentoso por Naturaleza. Recuperado por: http://encontradores.com.ar/ebook/Talentosos%20por%20Naturaleza.pdf

4. m. Moneda de cuenta de los griegos y de los romanos.

Comparto la opinión de la autora cuando esta manifiesta que un talento es una moneda de cuenta, debido a que con ella se puede hacer:

- Ahorrarlo.
- Invertirlo.
- Guardarlo.
- Compartirlo.

Un aspecto que también destaco de este texto es que las personas, en especial, un adolescente, puede caer en el riesgo de **negarse a conocer el valor de su talento**; puesto que de esto dependerá de cómo esté formando a raíz de sus propias creencias y valores. El contexto sociocultural en el que se desenvuelve juega un factor importante.

"En cuanto más se aproveche el talento, mejor será la posibilidad de incrementarlo o potenciarlo" (Méndez, 2015).

Al hablar de talentos nos involucramos con una serie de investigaciones que parten desde distintas perspectivas científicas, que parten desde la filosofía, psicología y más recientemente al campo de las neurociencias.

Generando un resumen breve de cómo ha sido visto el talento desde estas perspectivas tenemos lo siguiente:

- La teoría de los 4 humores de Hipócrates (sangre/sanguíneo, billis amarilla/colérico, billis negra/melancólico, flema/flemático).
- Los Tipos Psicológicos de Carl Gustav Jung (De disposición y funcionales).

- Cerebros Derecho e Izquierdo (Cerebro pensante).
- Sistema límbico (Cerebro emocional).

Un aspecto clave para el desarrollo de talento, al cual le seguiré dando seguimiento a lo largo de los capítulos, es la dominancia cerebral (es decir, los términos en los que preferimos percibir, aprender, comprender, organizar o expresar algo).

Mientras que las **preferencias cognitivas** o **modos preferidos de pensar** aparecen cuando analizamos un problema o situación, estudiamos, trabajamos, nos relacionamos, etc.

Así como cuánto más preferida sea una manera de pensar determinada, tanto más rechazo existirá hacia maneras distintas de pensar (Méndez, 2015).

Dicho lo anterior, nos encontramos hablando de este texto acerca de toda una gama de herramientas que involucra a la pedagogía en todos sus sentidos. Así como es importante del apoyo de la psicología, todo esto ya antes mencionado se relaciona con el mundo del *coaching*.

Es necesario que el coach se encuentre familiarizado con los estilos de aprendizaje del *coachee*, posea fundamentos teóricos y prácticos acerca de cómo se produce el aprendizaje de manera de ejercer su trabajo de acompañar al *coachee* a trabajar con su talento.

Queda claro que el coaching cuenta con herramientas de la Programación Neurolingüística (PNL), para conocer los canales de percepción del aprendizaje del *coachee* y adaptarse a ellos. Nuevamente invito al lector a continuar leyendo este libro, sobre todo en su capítulo 3, el cual es la parte práctica con la que me he sentado a desarrollar todo este libro.

Historia de la escuela

Comenzaremos a detallar la historia de la escuela, la cual es crucial en la formación del ser humano, en especial de un adolescente, debido a que es la escuela el centro donde el teenager se encuentra la mayor parte del tiempo.

Gracias a la escuela el adolescente conoce a otros jóvenes con distintos puntos de vista a los de él, diferentes valores y creencias. Allí comienza a convivir, encuentra normalmente "el amor", se desarrolla en lo social y empieza a descubrir sus habilidades y talentos.

Es fundamental que conociendo la historia de la escuela el coach pueda utilizar herramientas pedagógicas para estimular el talento de su cliente adolescente.

Es interesante comenzar a describir brevemente, aunque clara y concisa, que la historia de la escuela, por ende, de la educación, remonta nuevamente a los orígenes de la filosofía griega, con los 3 exponentes más reconocidos en la historia: Sócrates, Platón y Aristóteles.

Sócrates cuando creó su método, el cual bautizó como mayéutica, dio partida para que iniciaran otras disciplinas más a parte del *coaching*.

Una de ellas es la pedagogía, la cual ya describimos en capítulos anteriores. La pedagogía como ciencia que conduce al conocimiento tuvo grandes revoluciones y numerosos pensadores que aportaron conocimientos a esta disciplina para mejorar el proceso de enseñanza-aprendizaje (e-a), del alumno (niño, adolescente, joven y adulto).

Así fue como comenzaron a formarse las primeras escuelas desde la antigua Grecia; donde los filósofos Sócrates, Platón y Aristóteles comenzaron a enseñar y transmitir conocimientos.

Se formó la escuela tradicional, única escuela donde se comenzó a instruir a los seres humanos.

Jan Amos Komensky, también conocido como Juan Amos Comenio en América Latina, nació el 28 de marzo de 1592 en Moravia, República Checa, falleció el 15 de noviembre de 1670 en Amsterdam, fue un teólogo, filósofo y pedagogo al que se le consideró como el "**padre de la pedagogía**".

Juan Amos realizó aportaciones significativas dentro del campo de la pedagogía y en la cual son similares con la forma de impartir coaching para que el cliente lo perciba y reproduzca.

Una de estas aportaciones fue cuando habló acerca de que es la madre de familia la primera en enseñar al niño. Será la madre la encargada de formar en él valores y creencias. Para Comenio la educación debe de consistir de orden, método y ser universal. Se basó en tres métodos: **comprender, retener y practicar**.

Dentro del *coaching* es fundamental que el *coachee* comprenda, retenga y practique lo que está aprendiendo; para así garantizar que el cliente logre adecuadamente sus objetivos y metas.

El *coach* se convierte en un "maestro" inconscientemente

del *coachee*; puesto que promoverá herramientas para lograr el cambio social que demande el cliente.

Asimismo, que el cliente retenga la información que está aprendiendo es importante puesto que gracias a las herramientas del coaching el cliente se conoce mejor a sí mismo, tiene una perspectiva y modo de ver las cosas diferentes a cuando inició su proceso. La retención es la parte que hará que este no vuelva a recaer en situaciones similares donde antes se encontraba.

Por último, en la cuestión de la práctica, el coach antes de acompañar a coachees es necesario que practique cuantas veces sea necesario antes de salir a trabajar al campo. Que se conozca a sí mismo, sus valores y creencias, así como objetivos e ideales antes de trabajar con los de otras personas. Para ello la práctica es esencial dentro del proceso de *coaching*.

En cuanto al cliente también le sirve practicar lo que está aprendiendo dentro de sus sesiones de *coaching*, para improntársele de esta manera a ser una persona distinta, nueva y fresca desde que inició su proceso. Con esto el mismo cliente se da cuenta de los cambios que ha logrado realizar en su vida.

Comenio también se encargó de elaborar libros de texto de dibujo para los niños. En ellos transmitía aprendizajes a través de imágenes. Algo similar ocurre en el *coaching* porque trabajamos con la visualización permitiendo que el cliente se vea a sí mismo en un lugar que él desee hacerlo.

Comenio y la Didáctica Magna

La Didáctica Magna es en la literatura pedagógica una de

las obras más leídas. Obedece a una especie de biblia, a una especie de precepto o dogma del cual los pedagogos no deben prescindir; pues gran parte de lo que hoy se conoce y reconoce en términos de valor pedagógico se encuentra influido (aún no se sabe si de manera consciente o inconsciente) por esta obra. Comenio dividió su obra *Didáctica Magna* en tres partes:

- Didáctica General (Cáp. 1 – 9)
- Didáctica Especial (Cáp. 10 – 14)
- Organización Escolar (Cáp. 15 – 33)[16]

La palabra didáctica proviene del griego διδακτικός, ή, óvdidaktikè significa el arte de enseñar. Magna significa grande moralmente. Esta obra recoge el necesario método.

Comenio busca la sistematización de los procesos educativos. Se preocupa de las diferentes etapas del desarrollo educativo y separa por edades la educación con el fin de colocar los conocimientos en espiral. Habla de la globalidad de las unidades, aspecto que hoy en día aún se tiene muy en cuenta. Cada aprendizaje debe formar parte de otro o inducirlo.

El autor es el primero en tener cuenta al alumnado y sus necesidades. Comenio también menciona que cada alumno es diferente y no hay que menospreciar a ninguno. No debe hacerse distinción social o de género.

La mujer ha sido creada a la semejanza de Dios. Es un ser racional al igual que el hombre. Comenio también creía que

---

[16] Comenio. (2018, 21 de junio). *Wikipedia, La enciclopedia libre.* Fecha de consulta: 10:44, septiembre 11, 2018 desde https://es.wikipedia.or

la mujer es buena para la Ciencia y que debería tener estudios científicos para posteriormente seguir con la educación universal (Comenio, 2018).

Con esta información nos damos cuenta que Comenio aportó en cuanto a la educación se refiere los derechos universales del hombre y la mujer; así como estableció que los alumnos poseen diferentes necesidades del aprendizaje.

Este aporte de Comenio lo podemos ver aplicado en *coaching* cuando se trabaja con los clientes. Cada cliente llega con un mundo de valores y creencias distinto. El *coach* como instructor. Se adecúa, ajusta y adapta los procesos del propio aprendizaje del cliente para generar en él conciencia y con esto se trabaje en el cambio personal.

Incluso en las mismas reglas que los coaches certificados por la ICMF se establece que cuando un *coach* no logra adecuarse con su cliente, intenta trabajar con diversas herramientas y aún no se logra una sintonía, así como empatía, se cancela el servicio del *coaching* para canalizarse con otro profesional de esa misma área o, en caso de ser necesario, de alguna otra área.

El *coach* no debe obligar al cliente a hacer lo que no desea. Es fundamental que sea el propio cliente el que descubra en qué está fallando, qué necesita mejorar y en qué requiere explotar al máximo las oportunidades. La función del *coach* es única y exclusivamente para acompañar al cliente durante el tiempo que dure su proceso.

Cabe mencionar la siguiente cita de Juan Amos Comenio: "No debemos aprenderlo, sino haberlo aprendido". Es decir que todas las cosas sean siempre bien aprendidas por medio de un hábito y costumbre que nos lleve a mejorar siempre como persona y como ser humano. Se requiere inculcar buenas costumbres y el arte de formar las mismas puede expresarse en reglas diferentes.

Todas las virtudes necesitan ser enseñadas. En primer lugar, es importante enseñar las cardinales: prudencia, templanza, fortaleza y justicia. Desde el primer momento de la infancia se precisa otorgar una buena educación, las virtudes se aprenden del espíritu y es necesaria la disciplina para prevenir las malas costumbres.

Comenio apoyaba mucho a la filosofía. Siempre creyó que el hombre estaba hecho a su semejanza y que es bueno. Apoyó la prevención de malos hábitos y la promoción de los buenos hábitos, que para él eran el estudio y la superación.

Otra importante frase de Juan Amos Comenio es: "No se obliga al conocimiento a algo que no le convenga". De esta forma se aprende que en *coaching* el cliente será el único que tome la decisión de cambiar gracias a la ayuda de las herramientas de la caja del *coach*, seguir igual o intentar otros caminos. El *coach* no deberá intervenir bajo ningún motivo exceptuando que el cliente se haga un daño a sí mismo o a terceros; tal cual y como viene estipulado en las reglas de la International Coaching and Mentoring Federation.

La Escuela Nueva

La Escuela Nueva, también llamada Escuela Moderna, Escuela Activa (no confundir con Escuela Única: aspiración de unificar la educación primaria y secundaria), es un poderoso movimiento educativo que surge a finales del siglo

XIX y se extiende hasta después de la segunda guerra mundial; que tuvo sus antecedentes en Rousseau, Pestalozzi, Herbart, Froebel y la escuela del escritor ruso L. Tolstoi.

La Escuela Nueva no fue un movimiento uniforme ligado a un sistema educativo concreto sino que acogió diversos ensayos con otros objetivos, otros fines y, sobre todo, nuevas metodologías que surgieron progresivamente como alternativa a la escuela tradicional; que se basaba en magistrocentrismo (maestro organiza el conocimiento, es el modelo al que imitar y obedecer a través de disciplina, reproches y castigo), enciclopedismo (todo lo que el niño debe aprender se encuentra en el manual escolar y nada requiere buscarse fuera de él), y el verbalismo y la pasividad (método igual para todos los niños y repitiendo lo que dice el maestro).

El aprendizaje como una adquisición individual en el que se tienen en cuenta las diferencias personales de los educandos y se realiza la adecuación del trabajo a los niveles de desarrollo respetando la personalidad del niño.

La acción de educar no requiere separarse de las actividades de la vida real. Los niños son estimulados a aprender partiendo de sus intereses y necesidades, observando, investigando, preguntando, trabajando, construyendo, pensando y resolviendo situaciones problemáticas[17].

La escuela nueva nos invita a que como *coaches* e

---

[17] TEORÍA DE LA EDUCACIÓN. (s/f) Complementación del cronograma de Teoría de la Educación. Recuperado de http://paulinasaraxanateoria.blogspot.com

instructores, en cuanto al trabajo que realicemos con otras personas e instituciones de cualquier índole, partamos a través del trabajo con los intereses y necesidades de nuestro cliente. Para ello en *coaching* se inicia sesión con la pregunta: "¿Quién eres?", así como se invita al cliente a descubrirse a través de la formación de su propia frase de empoderamiento, la cual le genera seguridad.

El *coach* es también un investigador de la verdad. Siempre está preguntando con la ayuda de las preguntas poderosas para analizar si el cliente y él se encuentran en la misma sintonía; así como provee empatía para que el cliente se construya y trabaje en la sesión.

El *coach* como analista crítico acompaña al cliente a resolver situaciones problemáticas que se presenten en cada sesión a través de actividades y de herramientas tales como el calibraje, las posiciones perceptivas, así como de técnicas de la programación neurolingüística donde él y su cliente explotarán las oportunidades que se les presenten.

Siete principios de la Liga Internacional de la nueva educación:

1. Fin de la educación es preparar al niño para querer en su vida a querer y realizar la supremacía espiritual (el educador ha de aspirar a conservar y aumentar la energía espiritual del niño).

2. Respetar la individualidad del niño.

3. Los estudios requieren basarse en los intereses innatos del niño que despiertan espontáneamente y se expresan en sus actividades manuales, intelectuales, estéticas, sociales, etc.

4. Cada edad tienen su carácter propio. Es necesario que la disciplina personal y colectiva se organice por los niños con la colaboración del maestro reforzando el respeto a responsabilidades individuales y sociales.

5. La competencia requiere desaparecer de la educación y ser sustituida por la cooperación, que enseña al niño a poner su individualidad al servicio de la colectividad.

6. La coeducación significa instrucción y coeducación en común permitiendo a cada sexo ejercer libremente sobre el otro una influencia saludable.

7. La Educación Nueva prepara en el niño no sólo al futuro ciudadano, sino también al ser humano, consciente de su dignidad de hombre[18].

Los partidarios de la escuela activa se plantean un modelo didáctico y educativo que poco tiene que ver con el de escuela tradicional. Las aulas tienen un mobiliario flexible para adaptarse a las situaciones didácticas y de aprendizaje diferente.

Gracias a estos principios de la escuela nueva es que el *coaching* puede realizar un eficaz trabajo.

Es necesario que el *coach* sea una persona humanista, así como posea el espíritu y las habilidades necesarias para comprender los valores y creencias de su cliente.

Es importante que cuando se trabaja en el aspecto internacional cada cliente, sea hombre o mujer, estará representando por detrás una historia cultural, distintos

---

[18] Edured.cu (2018) La escuela nueva. Recuperado de https://www.ecured.cu/La_escuela_nueva

modos de creencias y de aprendizaje, sobre todo de aprendizaje; tendrá diferentes percepciones y estilos de adquirir nuevos conocimientos.

Dicho lo anterior, el *coach* necesitará ajustarse a las medidas de cada cliente para acompañarlo a descubrir su ser y explotar su potencial. Para ello es interesante comprender que una formación o instrucción forzada no logrará que el cliente se conozca a sí mismo, ni mucho menos que explote su potencial.

Agentes: el maestro pasa a ser un coordinador de actividades, un orientador y motivador del aprendizaje. Mientras el niño ocupa el centro del proceso de enseñanza-aprendizaje.

Contenidos y fuentes: Los libros de texto no existen como tal, sino que se dan pautas de trabajo y de actividad y, con una programación previa, los profesores y los alumnos van construyendo los contenidos a partir de los intereses y motivaciones de los alumnos.

El *coach* es un agente de cambio social. Ayuda proporcionando herramientas para lograr el cambio en el cliente. Este es su centro dentro del proceso de enseñanza-aprendizaje, puesto que en él se centrará para poder ser un excelente acompañante para el logro de sueños, metas y objetivos del mismo.

Historia de la Escuela Nueva desde su formación

Inglaterra: La escuela considerada como primera Escuela Nueva fue creada por Cecil Reddie en 1889 en Abottsholme

Francia: Posteriormente Demolins creó una escuela en

Normandía en la que aplicó los principios de la Escuela Nueva con el objetivo de formar la personalidad moral, inspirar iniciativa y el sentido de la responsabilidad. Después de Demolins se crearon escuelas semejantes, pero fue el inspector de escuelas Cusinet quien se propuso transformar las escuelas públicas a través de la metodología del "trabajo en equipos" donde los niños se agrupan espontáneamente para trabajar, el profesor les propone diferentes problemas y les deja actuar libremente mientras explica, aconseja, estimula, absteniéndose de enseñar aquello que los niños pueden descubrir por sí mismos, en los libros o mediante la observación y experimentación.

<u>Alemania</u>: la primera experiencia fue puesta en marcha por H. Lietz en 1898, se fue extendiendo a otras escuelas del país y pronto alcanzó a la enseñanza pública alemana cuando Kerschensteiner, consejero de las escuelas de Munich, planteó una reforma radical de las escuelas públicas en torno al concepto de la "escuela del trabajo" (el trabajo creativo debía ser el centro de la actividad y del proceso de enseñanza-aprendizaje).

<u>Italia</u>: las primeras escuelas nuevas se abrieron a imitación de la de H. Lietz en una institución que llamada "escuela serena" (se espera pacientemente el lento y puro despertar de los tesoros anímicos del niño…). La experiencia italiana más relevante fue la de María Montessori que abrió su primera Casa de Bambini en 1907. Su método se extendería a todo el mundo, primero en infantil y posteriormente a primaria y secundaria.

Sus principios básicos son la libertad, la actividad y la individualidad (la libertad es condición de la expansión de la vida, la vida es desarrollo y educar es permitir ese desarrollo proporcionando al niño el ambiente adecuado).

Bélgica: destaca la experiencia de Ovide Decroly iniciada con niños deficientes y que en 1907 trasladó a niños normales mediante su metodología de "centros de interés". Con una preocupación biológica predominante plantea la renovación de las escuelas tradicionales con una serie de medidas: clasificación previa de los alumnos, disminución del número por clase, modificación del programa teniendo en cuenta los intereses del niño, modificación de los procedimientos de enseñanza con los centros de interés: el trabajo escolar debía modificarse y los alumnos debían recorrer de forma sucesiva tres grandes fases de pensamiento: observación, asociación y expresión.

En definitiva, toda la enseñanza se dirige al niño teniendo demasiado en cuenta el elemento afectivo como palanca de todo.

Suiza: Se abrieron en Suiza alemana varias escuelas nuevas del tipo de Lietz. Destacó Ferrière, fundador del Bureau de las Escuelas Nuevas; Claparède que creó el Laboratorio de Psicología de la Universidad de Ginebra; y Bovet que dirigió el Instituto de Ciencias de la Educación de la Universidad de Ginebra; además de otros factores que hicieron que las nuevas ideas alcanzaran un gran desarrollo práctico en toda Suiza.

España: El comité de la Liga Internacional de Educación Nueva estaba representado por L. Luzuriaga, revistas adscritas al movimiento como Revista de Pedagogía y centros que cumplieron con los requisitos de las Escuelas Nuevas fueron el Milá y Fontanals de Barcelona dirigido por

Rosa Sensat. En la enseñanza privada destaca la Institución Libre de Enseñanza (ILE) que coincidía en la mayoría de principios con la Escuela Nueva.

<u>Estados Unidos</u>: El término Escuela Progresista de Estados Unidos es el equivalente a Escuela Nueva europea. Surge en torno a la filosofía de Dewey como protesta frente a la escuela tradicional centrada en el profesor y principios educativos clásicos. Tenía como meta el progreso social y el desarrollo individual que encajaba con el espíritu americano, sentido práctico, individualismo equilibrado por el fomento de actividades sociales y comunitarias y por el poder de las autonomías locales.

Además, conseguía integrar a la población inmigrante. Tuvo como precursor a F. Parker que creó una escuela experimental en la Universidad de Chicago en 1896 y con la ventaja de contar con el apoyo social que propició su enorme difusión. Entre 1910 y 1920 se acentuó el movimiento activista de las escuelas de EEUU en torno a tres sistemas: plan Dalton, sistema Winetka y sistema de unidades didácticas de Morrison. Al tiempo que se desarrollaron también el sistema de proyectos y el sistema de unidades de trabajo (Teoría de la Educación, s/f).

La escuela nueva dejó aportaciones para el proceso de la enseñanza-aprendizaje. Es interesante conocer como pedagogos y filósofos preocupados por el desarrollo humano llegaron a cabo distintas investigaciones para conformar las teorías y leyes que actualmente hoy nos rigen.

Son muchos los autores que han hablado acerca de la enseñanza a través del contacto con la naturaleza, algo esencial que se viven en algunas sesiones de programación neurolingüística; cuando se le pide al cliente hacer contacto con lo que conforma su alrededor. Incluso existen sesiones que se aplican al aire libre, en sitios públicos tales como playas, parques, bosques, etcétera, todo con el objetivo de que el cliente interiorice el aprendizaje, lo reproduzca para crear una nueva forma de existir y de comportarse.

El trabajo directo con las visualizaciones, así como el trabajo con inteligencia emocional nos es de ayuda para saber cómo coaches de qué forma instruir adecuadamente al cliente para lograr un autoconocimiento en él.

Integración del Adolescente en el contexto escolar

Como hemos comentado con anterioridad, el adolescente comienza a padecer de una serie de cambios biológicos, psicológicos y sociales. Sobre todo en el aspecto biológico comienza a aparecer el vello púbico, barba, su estatura comienza a crecer, esto también dependerá de otros factores tales como la nutrición y genética del mismo.

Dentro del desarrollo psicológico de un adolescente se encuentra que comienza a buscar aceptación en su nuevo entorno, es así como comienza a socializar.

El término socialización[19] denota el proceso mediante el cual se transmite la cultura de una generación a la siguiente. (Whiting, 1970). Para Arnett (1995) la socialización es un proceso interactivo mediante el cual se transmiten

---

[19] Musitu, (2000) Socialización Familiar y valores en el adolescente: un análisis intercultural. Anuario de Psicología, 2000, vol. 31, no 2, 15-32
© 2000, Facultat de Psicologia, Universitat de Barcelona. Recuperado de https://www.researchgate.net/publication/39109486/download

contenidos culturales que se incorporan en forma de conductas y creencias a la personalidad de los seres humanos.

También se puede definir como un proceso de aprendizaje no formalizado y en gran parte no consciente en el que, a través de un entramado y complejo proceso de interacciones, el niño y adolescente asimilan conocimientos, actitudes, valores, costumbres, necesidades, sentimientos y demás patrones culturales que caracterizarán para toda la vida su estilo de adaptación al ambiente (Musitu, 2000).

Una parte importante de los procesos de socialización lo constituyen los estilos de socialización parental que tienen al menos dos dimensiones o aspectos fundamentales que son dignos de resaltar: un aspecto de contenido que es lo que se transmite y un aspecto formal el cómo se transmite.

La dimensión de contenido hace referencia a los valores inculcados a los hijos, que dependen de los valores personales de los padres y de los sistemas de valores dominantes en el entorno sociocultural más amplio (p.17).

Cabe resaltar que el adolescente comenzará a conocer y convivir en el nuevo ambiente, sin embargo, no se despegará de sus creencias, puesto que las creencias que se han fijado desde la infancia suelen permanecer por más tiempo, a menos que el adolescente decida cambiarlas.

Es aquí fundamental comenzar a escribir que los adolescentes además de interactuar con semejantes comienzan a conocer sus capacidades y habilidades tanto en lo académico como en las actividades extracurriculares; así es como se va desarrollando el talento.

Sin embargo, existen factores que dificultan que un adolescente logre integrarse adecuadamente dentro del contexto escolar y que por ende desarrolle algún talento. Algunos de estos factores son la violencia que entre ellos ejercen.

La mayoría de los estudios realizados en las dos últimas décadas sobre la violencia entre iguales en la adolescencia se han concentrado en la que se produce en la escuela y en torno a una de sus principales modalidades, a la que se ha denominado con el término inglés bullying, derivado de bull, matón) y reflejan que dicha violencia:

1) Suele incluir conductas de diversa naturaleza (burlas, amenazas, intimidaciones, agresiones físicas, aislamiento sistemático, insultos).

2) Tiende a originar problemas que se repiten y prolongan durante cierto tiempo.

3) Supone un abuso de poder, al estar provocada por un alumno (el matón), apoyado generalmente de un grupo, contra una víctima que se encuentra indefensa; que no puede por sí misma salir de esta situación;

4) Se mantiene debido a la ignorancia o pasividad de las personas que rodean a los agresores y a las víctimas sin intervenir directamente. (Musito, p. 76)

Todo lo anterior se refiere a que un adolescente que sufra de bullying difícilmente se va a incorporar dentro de un aula de clases, no podrá desarrollar con facilidad expresar sus capacidades, habilidades, ni talentos.

Por lo tanto, para el *coaching* es elemental conocer en el ámbito educativo el estilo de relación que tiene el cliente adolescente con base a su escuela. Esto involucra tanto con compañeros como profesores, para así tener aproximado un perfil del individuo con el que se va a trabajar en cuanto al servicio de acompañamiento que el *coaching* ofrece con sus clientes.

Sobre todo, si el adolescente sufre de bullying requieren buscarse alternativas y distintas soluciones para erradicar la situación; lo ideal es entablar una plática entre expertos de la materia.

Como en el caso de un psicólogo educativo u orientador educativo, el director de la escuela, los padres de familia y el *coach* educativo; para juntos fortalecer una alianza estratégica de trabajo que brinde al adolescente un espacio donde éste pueda relacionarse sanamente sin correr el riesgo de que alguien agreda su integridad física o psicológica.

El *coach* educativo necesitará buscar herramientas para acercarse a su cliente adolescente, propiciar el cambio dentro del adolescente, requerirá emplear demasiada resiliencia, trabajar con las herramientas de la inteligencia emocional que se aplican en *coaching*; conceptos tales como autoconocimiento, autoconciencia y conciencia emocional que son elementos clave de trabajo de un *coach* que se dedica a esta área.

Para prevenir la violencia escolar es preciso adaptar los dos principales contextos educativos, la escuela y la familia, a los actuales cambios sociales; estructurando las relaciones y actividades que en ella se producen de forma que resulten más coherentes con los valores democráticos que nuestra sociedad pretende transmitir.

Existe un consenso cada vez más generalizado sobre el papel que la cooperación puede tener para conseguirlo y sobre la necesidad de llevarla a cabo a múltiples niveles (Musito, 2000).

Dicho lo anterior, se requiere del *coaching* para trabajar con aquellos adolescentes que ejercen violencia, para que descubran su ser, su habilidades, capacidades y talentos, sobre todo que logren convertir sus debilidades en oportunidades, puesto que es natural que dentro de las instituciones educativas el perfil de un adolescente violento se deba a que es débil y carece de habilidades socioemocionales para la convivencia.

Características de adolescentes violentos

1) Están más de acuerdo con las creencias que llevan a justificar la violencia y la intolerancia en distinto tipo de relaciones, incluidas las relaciones entre iguales, manifestándose también como más racistas, xenófobos y sexistas.

Es decir, que tienden a identificarse con un modelo social basado en el dominio y la sumisión.

2) Tienen dificultades para ponerse en el lugar de los demás.

Su razonamiento moral es más primitivo que el de sus compañeros. Siendo más frecuente entre los agresores la identificación de la justicia con «hacer a los demás lo que te hacen a ti o crees que te hacen», orientación que puede explicar su tendencia a vengar reales o supuestas ofensas. Se identifican con una serie de conceptos estrechamente relacionados con el acoso escolar, como los de cobarde, que utilizan para justificarlo y mantener la conspiración del silencio que lo perpetúa.

3) Están menos satisfechos que los demás con su aprendizaje escolar y con las relaciones que establecen con los profesores.

4) Son percibidos por sus compañeros como intolerantes, arrogantes y, al mismo tiempo, como que se sienten fracasados. El conjunto de las características en las que destacan sugiere que cuentan con iguales que les siguen en sus agresiones. Formando grupos con disposición a la violencia en los que se integrarían individuos que han tenido pocas oportunidades anteriores de protagonismo positivo en el sistema escolar[20].

Asimismo, de acuerdo con el informe que presentó la psicóloga María José Aguado Jalón nos encontramos que dentro de otras características que presenta un adolescente violento se manifiestan:

- Situación social negativa.
- Acentuada tendencia a abusar de su fuerza (suelen ser físicamente más fuertes que los demás).
- Impulsividad, con escasas habilidades sociales.
- Baja tolerancia a la frustración.
- Dificultad para cumplir normas.
- Relaciones negativas con los adultos.
- Bajo rendimiento académico.
- Dificultad de autocrítica.

---

[20] Diaz-Aguado Jalón, (2005) La violencia entre iguales en la adolescencia, y su prevención desde la escuela. Psicothema, vol. 17, núm. 4, pp. 549-558

Mientras que dentro de los principales **antecedentes familiares** suelen destacarse:

- Ausencia de una relación afectiva cálida y segura por parte de los padres, especialmente por parte de la madre, que manifiesta actitudes negativas o escasa disponibilidad para atender al niño y al adolescente.

- Fuertes dificultades para enseñar a respetar límites. Combinando la permisividad ante conductas antisociales con el frecuente empleo de métodos coercitivos autoritarios; utilizando en muchos casos el castigo físico.

Con base a lo establecido anteriormente, podemos encontrar que para que un adolescente descubra su potencial se requiere de trabajar con demasiada escucha activa e inteligencia emocional. Sobre todo es importante indagar sobre el estilo de vida del adolescente. Si se trabaja en el ámbito educativo lo primordial será conversar con los profesores del teenager, orientador educativo, director, así como con sus padres. Cualquier tipo de información que se pueda obtener es bien recibida; esto le dará al *coach* cabida para saber cómo iniciar su trabajo.

Es necesario que el *coach* establezca una alianza con el adolescente para que se pueda trabajar en descubrir su talento, brindar confianza, empatía y estar en sintonía es algo indispensable.

A continuación, comenzaré a explicar brevemente la función y utilidad del *coaching* con los adolescentes. Se abrirá un poco el panorama de, qué manera puede el *coaching* aportar material indispensable dentro de la vida de un adolescente. Se abordan algunas estrategias de trabajo del *coaching* antes de abrir el capítulo número 3 que explicará a detalle la función del mismo como vía para el desarrollo de talento de adolescentes.

Función y utilidad del *coaching* con adolescentes.

El *coaching* es una herramienta indiscutiblemente indispensable para que el adolescente se desarrolle óptimamente y logre descubrir sus talentos.

Dentro de algunas funciones que el *coaching* favorece para el trabajo con adolescentes se encuentran las siguientes:

<u>Manejo de la escucha activa</u>: Es ideal para que el adolescente se sienta escuchado y que se encuentra en un ambiente seguro, libre de violencia, donde su opinión cuenta (esto es elemental, puesto que es lo que generalmente un adolescente busca; el ser escuchado).

<u>Manejo del calibraje a través de los 4 niveles de escucha (Oir, escuchar a, escuchar para, escucha consciente</u>: Con esto podremos comprender la postura de un adolescente, libre de prejuicios. Así encontraremos las herramientas adecuadas para un excelente trabajo.

<u>Domino de las posiciones perceptivas</u>: Hablar desde la propia realidad, hablar desde el punto de vista del cliente adolescente. Lo cual significa comprender lo que nos está diciendo sin necesariamente tener que darle la razón; debido a que un adolescente busca generalmente echarle la culpa a alguien por sus acciones. Descubrir la posición ecológica del joven consiste en detectar qué elementos ajenos pueden propiciar que este no trabaje en sus talentos y así poder ofrecer un acompañamiento para que descubra cómo trabajar

en su transformación personal.

Gracias al *coaching* podemos tener un acercamiento directo con los adolescentes, conocer sus valores y creencias, explorar qué improntas han formado sus hábitos, sobre todo ofrecer herramientas que ayuden al cambio transformacional. Por ello procederemos a explicar en el siguiente apartado algunas estrategias que no deben faltar en cuanto al trabajo del coach.

Estrategias de trabajo del coaching con adolescentes

A continuación, expondré tres estrategias necesarias y primordiales para el plan de trabajo con adolescentes:

1.- <u>Preguntas Poderosas</u>: Conocer y aplicar el arte de preguntar es indiscutiblemente poderoso para lograr una transformación de un adolescente, puesto que gracias a las preguntas lo invitamos a la reflexión y al logro de un autoconocimiento. Un ejemplo de una pregunta poderosa con la cual se inicia en cada sesión de coaching es la pregunta: "¿Quién eres?", con esto comenzamos a trabajar con el inconsciente del adolescente.

2.- <u>Inteligencia Emocional</u>: Comprender la inteligencia emocional del ser humano es básico para el trato con cualquier persona, sobre todo con un adolescente el cual se encuentra en la búsqueda de su camino de la verdad. Con esto propiciamos una excelente relación humana basada en la cordialidad y el respeto para lograr que el adolescente se comunique con su coach.

3.- <u>Métodos GROW y SMART</u>: Conocer estos métodos nos ayudará para que el adolescente aterrice y exprese sus ideas, conozca de lo que es capaz de hacer, se proponga una meta (una sencilla), la logre y así se dé cuenta del poder que tiene el ser una persona organizada, disciplinada y decidida.

En resumen

Hemos llegado al final del capítulo 2, el cual sin duda ha sido una apertura a conocer y reconocer a un adolescente desde el aspecto biológico, psicológico y social (biopsicosocial).

Hemos dado una mirada sobre el aprendizaje y la evolución del mismo con el trabajo del adolescente y conocimos la historia de la escuela tradicional y nueva desde los tiempos remotos de la antigua Grecia con los filósofos hasta llegar brevemente a la actualidad.

Enfocamos el aprendizaje directo con el *coaching* debido a que un *coach* es también indiscretamente un pedagogo, puesto que provee herramientas para el cambio transformacional; que parten desde la mayéutica de Sócrates al realizar preguntas poderosas, trabaja la escucha activa, la inteligencia emocional, la sintonía, entre otras herramientas más que son clave para lograr la transformación.

El *coach* además se convierte en un filósofo porque busca siempre encontrar la verdad. Es un agente de cambio que jamás se rinde, buscará la forma de encontrar alternativas, proponer soluciones, trabaja en equipo, sobre todo es siempre abierto, evita hacer prejuicios; así como diálogos internos que repercutan o estropeen su trabajo.

A continuación, procederemos a explicar el capítulo número 3, el cual se encuentra directamente enfocado al objetivo del libro, *coaching* para el desarrollo de talento de adolescentes.

En el siguiente capítulo se encontrará el trabajo que he realizado en una escuela preparatoria (bachillerato) de carácter público donde atendí a cuatro (4) grupos de adolescentes con edades que oscilan entre los 15-16 años, dentro del turno vespertino (14:00 h - 20:20 h). Donde se aplicaron distintas herramientas del *coaching*, incluyendo la Identificación de Necesidades de Aprendizaje (INA) para ofrecer seguimiento al trabajo con adolescentes.

Capítulo 3

Coaching para Desarrollar el Talento en Adolescentes

A lo largo de los dos capítulos anteriores nos encontramos explicando tanto los orígenes y antecedentes históricos de la disciplina del *coaching*; así como de la evolución de esta disciplina. Avanzamos hacia la diferencia del coaching con otras ciencias dedicadas a estudiar el comportamiento humano, y llegamos al capítulo donde explicamos los conceptos de adolescencia, juventud, el desarrollo biopsicosocial del adolescente, el origen de la palabra talento, la historia de la escuela y su involucración con el *coaching*.

Bueno sé que quizás para ti lector esto ha sido extenso. Sin embargo, te comento que esta es la parte práctica donde comienzo a explicar mi experiencia que adquirí al aplicar sesiones de coaching a adolescentes de preparatoria.

¿Cuál es la razón para que el *coaching* sea considerado como una vía en el desarrollo del talento en adolescentes?, es simple; el *coaching* posee magníficas herramientas que facilitan el autodescubrimiento.

Sin más preámbulo iniciemos con nuestro primer subtema de este capítulo.

La caja de herramientas del *coach*

En coaching encontramos la caja de herramientas, la cual damos por entendido que es similar a cualquier caja de herramientas utilizada en la vida cotidiana.

Un ejemplo de ello es que en una casa cualquier hombre o mujer tendrá a su disposición una caja de herramientas, donde guarda los instrumentos necesarios para realizar labores específicas en el hogar donde vive. Al terminar vuelve a colocar dichos instrumentos en su lugar, cierra y guarda la caja.

Esto sucede en coaching. Nosotros los coaches contamos con varias herramientas poderosas de autoayuda para nuestros clientes. Necesitamos un lugar donde guardar dicha información.

Encontramos dentro de nuestra caja de herramientas los siguientes instrumentos de INA (Identificación de Necesidades del Aprendizaje), con los cuales trabajamos con las personas.

- Eneagrama de vida (Con este ejercicio se deriva la frase de empoderamiento, el análisis y método F.D.O).
- Carta de empoderamiento.
- Antecedentes de vida y antecedentes económicos o aterrizaje financiero.
- Proyecto de realización personal (P.R.P).

Estas herramientas poseen un gran valor significativo para el cliente, puesto que son de introspección, trabajan con objetivos, metas y sobre todo con los sueños del cliente; que en psicología lo podemos considerar como su esencia.

INA como diagnóstico en el trabajo con los adolescentes

El término INA se refiere a la identificación de necesidades del aprendizaje, herramienta utilizada en la Academia de Coaching y Capacitación Americana (ACCA), para enseñarle a los aprendices de coaching que esta herramienta de trabajo es la esencial para establecer una comunicación directa y que a su vez sirva como diagnóstico para conocer, comprender, observar qué es lo que trae el cliente dentro de su mapa y analizar de qué forma se procederá a trabajar con el coachee.

Eneagrama de vida

De acuerdo con la ACCA el objetivo del eneagrama de vida es el siguiente:

"Indagar cómo el aprendiz se siente en el momento actual de su vida en relación a cada una de las áreas representadas en el eneagrama de vida".

En este caso la parte aplicada son los estudiantes del primer semestre del turno vespertino del Colegio, cuyas edades oscilan entre los 14 y 15 años de edad. Al coach le interesa cómo sus estudiantes y más ellos los de nuevo ingreso se sienten con relación a las nueve (9) áreas de su vida.

Cabe destacar que los alumnos de primer semestre, además de ser de nuevo ingreso a la preparatoria, son los primeros que se encuentran avanzando hacia otro ciclo de su vida (el estudiar la preparatoria). Han dejado atrás su etapa de la formación de educación secundaria, donde aprendieron, se relacionaron de distintas maneras a como se desenvolverán en el bachillerato; es decir, el entorno es diferente.

De esta manera invito a los docentes para que se preparen como coaches profesionales para que puedan obtener acceso a herramientas que sean de apoyo hacia los nuevos estudiantes que se encuentran enfrentando nuevos cambios en su vida, se adapten al nuevo entorno y se encuentren en bienestar (la palabra bienestar, viene separada del bien, seguido de estar, que significa "estar bien"); que el alumno se integre favorablemente a la sociedad estudiantil.

Las áreas a trabajar con el Eneagrama son:

- Emocional.
- Salud y Bienestar (o solo escrito salud).
- Relaciones Interpersonales (R.I).
- Educación.
- Familia.
- Trabajo.
- Espiritual.
- Finanzas.
- Recreación.

Todas estas 9 áreas conforman los aspectos de vida de una persona, en este caso del estudiante. Quien apenas se encuentra en proceso de crecimiento por lo tanto es de gran utilidad que conozca este ejercicio que el coaching, en especial la ACCA, ofrece, debido a que el eneagrama de vida es actividad patentada y registrada por la ACCA.

Con este ejercicio el alumno/la alumna se asigna una calificación de acuerdo a cómo se sienta él/ella, con base a las áreas que representan su vida. Esto lo invita a la introspección y a establecer un contacto con su ser; que se comunique internamente y reconozca cómo se encuentra emocionalmente en cada una de sus áreas.

El procedimiento para elaborar un eneagrama de vida es muy sencillo y continuación lo explico por si el lector le interesa aplicarlo para sí mismo y obtener su propia evaluación diagnóstica.

Pasos:

1. Dibuje en una hoja blanca o de cuaderno un círculo.

2. Divida el circulo en nueve "9" porciones (o partes) iguales.

3. Cada porción se tiene que dividir en el centro con una línea discontinua, asignándole una puntuación del cero "0" al diez "10"; donde el cero se encuentra en el centro y el diez en el extremo del círculo.

4. Nombre cada una de las áreas en la parte superior externa de cada porción: emocional, salud y bienestar, relaciones interpersonales, educación, familia, trabajo, espiritual, finanzas y recreación.

5. Seleccione una puntuación en cada una de las nueve áreas representadas en el círculo reflejando cómo se siente con respecto a ellas para este momento actual de su vida.

6. Una con una línea continua cada puntuación seleccionada en cada área de manera de obtener una figura.

7. Remarque y coloree la figura en el borde y en su interior.

Eemplo del Eneagrama de Vida:

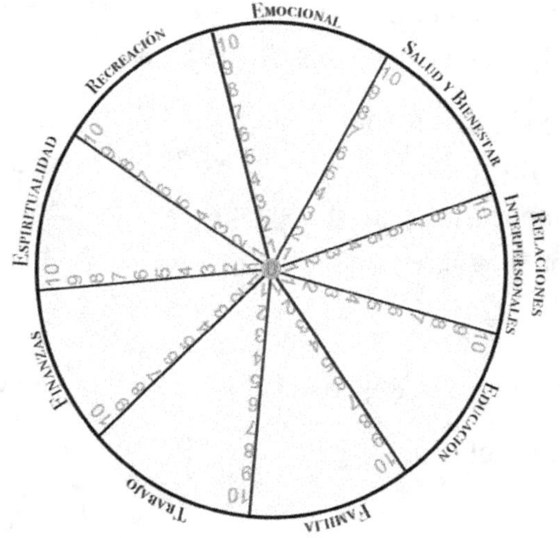

Eneagrama de Vida®. Fuente: ACCA

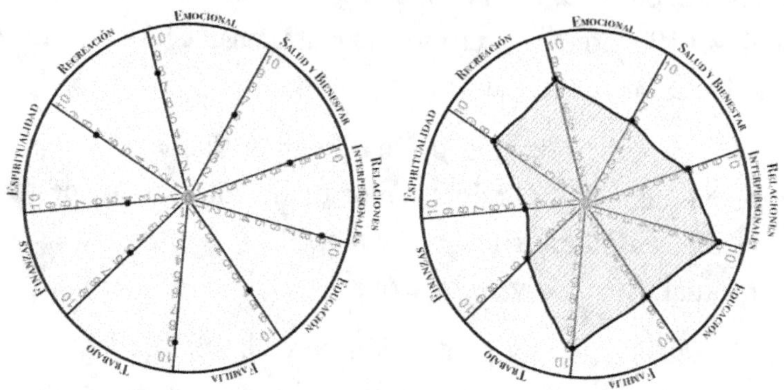

Ejemplo ilustrativo de Eneagrama de Vida® realizado

Una vez que se obtiene el círculo y se forma la figura a través de la unión de los puntos se procede a escribir en hoja aparte o en esa misma hoja en la parte inferior, a que se parece la figura, hecho esto se procede a escribir 10 características relacionadas a la figura.

Al finalizar de escribir las 10 características se procede a eliminar en menos de 5 segundos; es decir, sin pensarlo, 3 características de las 10 para que de esta forma queden 7. El siguiente paso consiste en eliminar 2 características de la misma manera para que queden 5 y finalmente otras 2 para que sean 3.

Al trabajar eliminando las características se trabaja con el inconsciente del cliente/estudiante para que este elija los 3 aspectos que lo definen a él como una persona única y diferente en el mundo.

Este ejercicio combinado, por ejemplo, con una sesión de psicoterapia, puede resultar muy efectivo para el proceso de autoconocimiento del cliente.

Frase de empoderamiento

Las 3 características que resultaron "vivas" de la eliminación de las 10, son las características que conforman la **frase de empoderamiento**.

Sin embargo: ¿A qué nos referimos con frase de empoderamiento?

Resulta fascinante poder explicar a todos mis lectores que al mencionar frase de empoderamiento nos encontramos realizando referencia a la frase que le otorga a la persona "PODER". Y, ¿Qué es el poder?; el poder es la acción o el impulso que te incentiva a realizar algo.

Por lo tanto, la frase de empoderamiento es la oración que cada día los coach nos hacemos antes de irnos a dormir y al despertarnos para que quede establecido en nuestro subconsciente; y que de esta manera quede almacenado en nuestro ser.

¿Cómo se inicia la frase de empoderamiento?

Es sencillo. A través de escribir en primera instancia "YO", debido a que estás hablando de ti mismo (le hablas a tu ser). Seguido de "un/una". Después se escribe el género de la persona hombre/mujer y finalmente las 3 características en orden.

Ejemplo de una alumna:

Yo soy **una** **mujer**: **alegre, feliz y divertida**.

Esta es la herramienta inicial del proceso del coaching, que como ya he mencionado es de utilidad para establecer comunicación directa con el ser del estudiante y para que vaya dándose cuenta de cómo se encuentra en sus 9 áreas de vida.

Con esta actividad se derivan el análisis y método F.D.O, que son herramientas de seguimiento de las 9 áreas de vida del eneagrama para que el alumno conozca sus **fortalezas** y **debilidades**; para finalmente transformarlas en nuevas **oportunidades** de vida.

Método F.D.O

El Método F.D.O es creado por la Mentor Coach International (M.C.I), Jacqueline Betancourt, mentor de la ACCA, funge como directora del curso: "Coaching Profesional", de la misma academia en la modalidad on-line. Quien en su libro _"Coaching Para Ser"_, (2017), crea este método como una derivación del Método FODA, puesto que según en sus propias palabras en una de sus clases con su servidor expresó lo siguiente: "La razón por la cual considero no trabajar con las amenazas del individuo es porque donde va tu atención y tu energía va tu acción; por lo cual conociendo que las amenazas existen y que pueden ocurrir en cualquier momento de tu vida, y que, además están fuera de tu control, no pongo mi atención en ellas para no provocarlas y mucho menos atraerlas a mi vida"

El texto citado de la mentora Jacqueline hace referencia a lo aprendido en clase sobre la ley de la atracción; un interesante documental filmado y el cual puedes encontrar en la plataforma YouTube.

Esto explica que nosotros somos seres con energía y que al tener pensamientos recurrentes los estamos lanzando al universo como forma de energía; por lo que el universo recibe nuestro mensaje y nos lo concede. Sin embargo, no comprende lo que es el sentido del humor, ni la palabra "No"; por ende, se requiere ser muy específico y breve sobre lo que estamos pensando para atraerlo hacia nosotros y que se nos conceda en la realidad.

Asimismo, este ejercicio es ideal para fomentar el autodescubrimiento de los estudiantes, para que vayan relacionándose con su esencia de vida a través del descubrir quién es y cómo está encaminado actualmente.

Áreas	Fortalezas	Debilidades	Oportunidades
Finanzas	-Ahorro. -Tengo una Actividad con paga. -Valor de las cosas.	-Gastos en video juegos.	-Aprender sobre finanzas para multiplicar mis ahorros.
Salud	-Comida saludable en casa.	-Dulces. -No practico ejercicio.	-Comer en casa. -Practicar un deporte que me apasione.

Ejemplo de F.D.O (3 aspectos por cada área, total 27 oportunidades)

Una vez que el estudiante/cliente descubra sus nuevas

oportunidades que tiene de vida en cuanto a sus áreas, se le pide que de esas nuevas 27 (3 aspectos por cada área) nuevas formas de ser, las escriba, las lea y decrete en voz alta utilizando la palabra "Yo", seguido de "soy", más las 27 características.

El cliente/estudiante al decretar las mencionadas 27 características está abriéndose paso a descubrir y potenciar sus nuevas formas de ser.

Este ejercicio es ideal para aplicarlo con adolescentes que estén en la búsqueda de un cambio social, que aún no descubran quiénes son o que simplemente les gustaría participar en recibir un proceso que les dé la oportunidad de redescubrirse a sí mismos y trabajar con sus sueños para transformarlos en metas.

Este ejercicio es recomendable para aplicárselo a los padres de familia que requieran sumarse a un proyecto de cambio de giro de 360 grados, es decir; de un giro total de vida donde en primera instancia, para ellos es esencial que se conozcan a sí mismos para poder ser una guía para sus hijos.

Esta actividad brinda además la oportunidad de quien lo recibe de autoconocerse a través del uso del análisis y la reflexión; sobre pensar en sus fortalezas y debilidades para transformarlas en oportunidades.

Antecedentes de vida y aterrizaje financiero

Una vez concluido el Método F.D.O, se procede a invitar al alumno a que redacte sus propios antecedentes de vida o una autobiografía como se le conoce en México.

Con esta actividad se pretende que el alumno: "Describa en una carta una breve historia de manera personal sobre las diferentes etapas de su vida", destacando aspectos positivos y negativos de sus padres, de su infancia y por último la etapa de la adolescencia.

Esta actividad es utilizada para que el alumno se otorgue un espacio para entablar una comunicación consigo mismo, reflexione y conozca cómo ha sido su desarrollo emocional en todos los aspectos de su vida (infancia y adolescencia). Adultez por obvias razones aún no; puesto que no se encuentran en esa etapa todavía.

En la imagen podemos apreciar que la alumna decidió diseñar la presentación sin que yo se lo pidiera. Esto demuestra la creatividad que poseen los alumnos y que expresan cuando deciden realizar trabajos de excelencia; agregando algo más de lo que se les pide que realicen. Incluso la alumna escribió una dedicatoria en sus antecedentes de vida y una reflexión de lo que ella considera ha aprendido y se encuentra aprendiendo actualmente.

Aterrizaje financiero

Los antecedentes económicos o aterrizaje financiero son de gran ayuda para el proceso del adolescente. A través de este ejercicio el alumno comienza a reflexionar sobre cuánto tiempo necesitará trabajar para obtener los recursos económicos suficientes para cubrir sus necesidades básicas; así como costearse sus propios antojos (como comprarse un helado, por ejemplo) o cubrir actividades recreativas (como dar un paseo al campo, asistir al cine, entre otros).

A través de una sencilla fórmula el adolescente conocerá

el valor monetario que percibe a través de sus horas laborales. Sin embargo, los adolescentes con los que trabajé no cuentan con un trabajo formal establecido en una empresa. Y se les asignó como actividad que ellos idealicen cuánto les gustaría ganar al año; para que de ahí partan a realizar la fórmula para conocer sus ganancias por hora, día, mes y año.

A continuación, encontraras a fórmula para que la apliques contigo y conozcas tu aterrizaje financiero.

Formula básica:

- Ganancia anual x 5 años = Ganancia total (GT).

- GT entre 60 meses = Ganancia mensual (GM).

- GM entre 26 días = Ganancia diaria (GD).

- GD entre 8 horas = Ganancia por hora (GH).

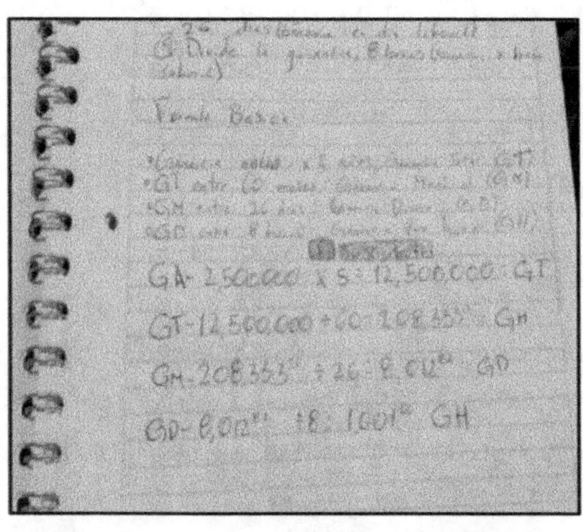

Ejemplo de un Alumno construyendo su aterrizaje financiero. (Práctica realizada al colegio)

Proyecto de realización personal

Hemos llegado a la última sesión de coaching que apliqué

con mis alumnos de los cuatro grupos de primer semestre, del turno vespertino del Colegio. En esta sesión se trabajó el Proyecto de Realización Personal (P.R.P). Esta actividad unifica las actividades antes trabajadas y asocia sus conocimientos para dar lugar a la creación del P.R.P.

Anteriormente se trabajó con crear el Eneagrama y dar origen a la frase de empoderamiento para que el alumno conozca su esencia. Seguido, se realizó el Método F.D.O. Con esto el adolescente conoció sus fortalezas y debilidades y creó nuevas oportunidades de ser con respecto a sus 9 áreas de vida. Después realizó una introspección a través de los antecedentes de vida y económicos para darse cuenta sobre qué tiene que trabajar y cuánto necesita invertir en tiempo y esfuerzo para costear sus necesidades y cubrir espacio para actividades recreativas. Finalmente con la información que él ya obtuvo sobre sí mismo llegó la hora en la que al joven se otorgue un espacio para hablar consigo mismo, reflexione **sobre qué quiere y hacia dónde se dirige**. Una vez hecho esto el adolescente creará su primer P.R.P.

Pasos para la realización del P.R.P:

1. Busque una cartulina.

2. Recolecte recortes de periódicos, revistas o fotos que representen o plasmen todos los sueños que tenga hasta el que considere más insignificante. No se limite en el número de sueños que desea alcanzar.

3. Colóquelas en una cartulina.

4. Escoja tres de esos sueños y sobre el recorte, figura o foto correspondiente. Colocará un papel adhesivo pequeño en el que escribirá el cuándo, cómo, dónde, con quién y el costo para poder alcanzarlo.

NOTA: Para que un sueño se cumpla es necesario ponerle fecha y definir los parámetros que se acaban de mencionar. De esa manera se transforma en una meta y entonces trabajando en ella se alcanzará. Si no se coloca una fecha a ese sueño deseado para poder alcanzarlo solo seguirá siendo un sueño.

Fue una experiencia interesante que los alumnos se sentaran a escribir sobre sus sueños y a trabajar en la creación de objetivos; respondiendo a las 5 preguntas ya antes mencionadas. A los adolescentes les gustó este trabajo y a su servidor como docente que forma parte del programa federal "Construye-T"; que se aplica en ese plantel. Fue grato asociar las 3 dimensiones que maneja el programa federal, como son: "Conóce-T", "Elíge-T" y Relacióna-T", con las herramientas del coaching.

Ejemplo de Proyecto de Realización Personal de una alumna. (Prácticas realizadas al colegio)

Otras herramientas de trabajo en coaching

Una de las herramientas que no puede faltar en el trabajo de coaching es la creación de objetivos. Para ello con los alumnos se aplicaron los objetivos "SMART"[21] (Inteligente en español).

Los objetivos SMART fueron creados por George T. Doran. Se utilizan para ayudar a las personas a establecer objetivos claros, precisos y concretos, así como medir, alcanzar y asignar tiempo para la realización de los mismos.

Que significa:

S → Specific (Específico).

M → Measurable (Medible).

A → Attainable (Alcanzable).

R → RelevantororRealist (Relevante o Realista).

T →Time (Tiempo).

Specific/Específico

Ejemplos de preguntas: ¿Qué quiero conseguir?, ¿Cómo lo quiero conseguir?, ¿Qué necesito para conseguirlo?

Measurable/Medible

Los objetivos son medibles cuando puedes establecer variables que determinen su éxito, fracaso o incluso la evolución de los mismos a lo largo del tiempo; es decir con qué instrumentos cuento para conocer mi avance o retroceso en mi camino para el logro de mi objetivo. Por ejemplo: Si un adolescente es su objetivo obtener 10 de calificación final

___

[21] Martinez, I. (s/f) Cómo definir tus objetivos de forma inteligente: modelo Smart. Recuperado de https://ivanmb.com/definir-objetivos-smart/

en el semestre de la materia de Matemáticas, su instrumento de medición es revisar las calificaciones que tiene en la asignatura ya mencionada a lo largo de los períodos parciales (En México un periodo parcial es una serie de evaluaciones que se aplican al alumno en determinado mes para conocer su rendimiento académico antes de finalizar el semestre).

Attainable/Alcanzable

En esta parte se hace mención al sistema de creencias que tiene el individuo, así como se menciona la autoestima del cliente; es decir qué tanto se cree la persona capaz para ponerse en marcha en el logro de sus objetivos.

Algunos ejemplos de preguntas que sirven como guía en esta parte son las siguientes:

¿Qué me hace pensar que es imposible?, ¿Alguien más lo ha conseguido?, si es así, ¿Qué me impide no conseguirlo yo?

Relevant-Realist/Relevante o Realista

A continuación, se presenta el penúltimo paso a seguir para concluir la formulación de los objetivos SMART, es la letra "R", que en español significa relevante o realista. Se invita al adolescente a la reflexión y conciencia sobre la importancia de que su sueño ahora transformado en meta sea algo que realmente pueda conseguir.

Esto dependerá de las características del entorno donde se encuentre, así como las propias creencias que éste presente.

Es importante que el adolescente mida sus fuerzas para ser consciente de los recursos de los que dispone y los recursos que necesitará para la consecución del objetivo.

Existe una delgada línea entre no ser realista y tener la creencia de que no puede conseguirlo. Es importante tomar consciencia y buscar todas las evidencias posibles que le hagan ver que ese objetivo es realista.

Time/Tiempo

Este último aspecto yo lo considero el más importante de la metodología SMART, debido a que significa el tiempo que asignaremos para cumplir nuestro objetivo, puesto que, si no le damos un tiempo, no lo anotamos en una agenda o lo escribimos, seguirá siendo un sueño. ¿Cuál es la razón?, es sencillo, sin un cronograma o planificador donde apuntemos en qué días, a qué hora y cómo trabajaremos sobre nuestros objetivos, nos convertiremos en "los hombres del mañana" como le llamamos en México, a aquellas personas que sin agendar, sin establecer como tal un compromiso comienzan a decir la palabra mañana como respuesta a evadir su responsabilidad que tienen en el momento, "mañana voy a lavar mi ropa" donde todos los días digo esa palabra y no cumplo con lo que tengo que hacer, ¿Por qué no lo cumplo?, porque no tengo una agenda donde yo pueda especificar que en un día determinado a la semana voy a lavar mi ropa, en estar diciendo a cada momento: "Olvidé agregar esto a mi plan, mañana lo hago", se presenta ese día y vuelvo a excusarme diciendo: "Ah, es cierto, no escribí aquello que necesito hacer, ya ni modo, mañana lo hago ahora sí".

Entonces, nos pasaremos por la vida excusándonos y evadiendo nuestras responsabilidades, ya no con otras personas, sino con responsabilidades para con nosotros mismos, puesto que son nuestros sueños y metas con los que estamos trabajando.

En resumen

Concluyo este capítulo argumentando que ha sido interesante el haber trabajado el coaching con los adolescentes, puesto que me di cuenta que existe un gran talento y potencial en ellos. Precisamente gracias a las herramientas con las que cuenta el adolescente comienza a despejar su mente, y a darse cuenta de las habilidades y oportunidades que durante estos años de su vida han permanecido ocultas. Donde comienza a establecer contacto consigo mismo a través de la formulación de objetivos para principalmente empezar a analizar qué es lo que quiere.

También, se demuestra la efectividad del coaching como vía en el desarrollo del talento en adolescentes, debido a que las herramientas que esta poderosa disciplina de acompañamiento utiliza sirven para dar cabida a que los alumnos interactúen con su ser; además de que comiencen a "pensar en grande", es decir, a idealizar sus sueños para transformarlos en metas. De esta forma ellos mismos van a creer en sí mismos y en sus talentos que tienen escondidos gracias a las nuevas oportunidades de vida que han creado.

Invito a los lectores a no quedarse con esta información sino investigar más acerca de los beneficios del coaching: Las sesiones que apliqué a los alumnos es una parte de lo que vemos de coaching. Sin embargo, ha sido suficiente para depositar en los alumnos algo más que solo la transmisión de conocimientos, sino que se logró transmitir en ellos herramientas poderosas para su propia construcción personal y emocional.

Agradezco a mis alumnos que se hayan dado permiso para conocerse y entablar una comunicación con su ser, puesto que estas herramientas funcionaron tanto para ellos como para su servidor en lo que es la investigación y desarrollo de este libro.

¿Qué Podemos aprender de este capítulo para reflexionar?

Es sencillo, el coaching es un proceso de aprendizaje en el cual generamos a las personas cambios sociales, de un punto "A" a un punto "B", es decir, los movemos de la zona donde se encuentran promoviendo herramientas para el cambio social y personal.

Gracias a las herramientas ya explicadas el adolescente se da cuenta del contexto en el que se desenvuelve, se conoce a sí mismo, interactúa con su ser para que a partir de ahí comience su camino por el sendero de la vida, trabajando en quién es él y, sobre todo, qué es lo que quiere y hacia dónde se dirige.

A continuación, invito a los lectores a conocer la parte cuantitativa de esta investigación, es decir, las personas que me compartieron sus opiniones sobre preguntas relacionadas al mundo del coaching, ¿Qué es lo que conocen los adolescente sobre coaching, valores y creencias?, ¡Averigüémoslo juntos!

Capítulo 4

Análisis de los Resultados de la encuesta

Descripción de la población estudiada

En la presente investigación que como ya he mencionado con anterioridad realicé en el Colegio del turno vespertino, ubicado en el municipio de Cabo San Lucas, de B.C.S., México, cuya población general de este turno está conformado por 540 alumnos, se eligió una muestra al azar de los grupos de primeros semestres que son los grupos con los que se aplicó sesiones de coaching. Se tomó una muestra de 50 alumnos con los que se trabajó.

Método de investigación en la población estudiada

El método utilizado para esta investigación es el inductivo, debido a que con una muestra específica se obtuvieron conclusiones generales de toda la población de la escuela.

La técnica utilizada para la recopilación de información fue una encuesta, la cual está compuesta por 5 ítems, los cuales evalúan el conocimiento que poseen los alumnos acerca de la disciplina de acompañamiento que es el coaching con base a una escala de Likert.

Resultados de la investigación recabada

Los resultados obtenidos en esta investigación reflejan que los alumnos poseen conocimientos referentes a que la mayoría de ellos han escuchado hablar del coaching como disciplina; así como estarían dispuestos a formar parte del proceso que el coaching ofrece, con el objetivo de mejorar sus competencias y habilidades.

Asimismo, la mayoría posee conocimientos acerca de qué son los valores y creencias. Mientras que el 100 % de los alumnos encuestados manifiesta estar de acuerdo en considerar como utilidad el desarrollo de talento de los jóvenes. Sin embargo, se presenta una discrepancia en cuanto al aprovechamiento de su potencial en la vida cotidiana, lo que destaca la importancia de aplicar coaching en los adolescentes.

Codificación y tabulación de resultados

<u>Pregunta 1</u>

¿Ha escuchado hablar acerca del coaching?

Es interesante conocer que la disciplina Coaching, en efecto es conocida por buena parte de la población de los adolescentes de la preparatoria, esto nos deja claro que es probable que se den el permiso de entrar en un proceso de coaching en el futuro.

<u>Pregunta 2</u>

¿Estarías dispuesto a formar parte de un proceso de Coaching para mejorar sus habilidades y competencias?

Esta gráfica comprueba mi hipótesis anterior, los adolescentes de la preparatoria en su mayoría de los encuestados se encuentran dispuestos a formar parte de un proceso de coaching; esto puede deberse a múltiples razones que involucren los conocimientos que tienen sobre esta disciplina expuesta por mi persona.

Pregunta 3

¿Usted posee conocimiento acerca de que son los valores y creencias?

Esta parte es importante prestarle atención, debido a que los valores y creencias son los que definen las actitudes y comportamientos del ser humano. Más de un adolescente que se encuentra en proceso de crecimiento y desarrollo, además de que está en búsqueda de la verdad, a través de conocer, socializar con nuevas creencias y adoptarlas si así él lo siente necesario.

Para que los adolescentes cuenten con el conocimiento científico, la ayuda del coaching sobre sus valores y creencias será demasiado gratificante para que ellos logren potenciar su ser y desarrollen sus talentos.

Pregunta 4

¿Considera de utilidad el desarrollo de talento en los jóvenes?

Esta gráfica nos refleja que el 100 % de los encuestados muestra conciencia activa y despierta sobre el desarrollo de talentos, es importante que lo conozcan para que comprendan que cuando entren a un proceso de coaching estarán involucrándose con herramientas que se les proporcionará para transformar su aprendizaje y que de ahí ellos puedan potenciar sus talentos que conocen, practiquen y mejoren en crear nuevos hábitos para su vida que involucren estas herramientas del coaching y la psicología para la potencialización de sus talentos.

<u>Pregunta 5</u>

¿Aprovecha al máximo su potencial en su vida cotidiana?

Agradezco en esta gráfica la sinceridad de mis alumnos, esto me demuestra que, aunque han escuchado hablar de Coaching, la mayoría conocen sobre valores y creencias, así como la gran mayoría están dispuestos a encontrarse con un proceso que los mueva de su zona de confort, ya que la gran mayoría no aprovecha su potencial en la vida cotidiana.

En resumen

Llegamos a establecer como conclusión la importancia de aplicar coaching en la vida de los adolescentes, debido a que ellos se encuentran en un proceso de formación no sólo académica, sino de formación personal donde es necesario que aprendan a desarrollar habilidades para el autoconocimiento, la autoconsciencia, así como la percepción que se tienen ellos de sí mismos. Existe gran potencial en los adolescentes; que sin duda alguna con la intervención del coaching ese potencial será transformado en grandes talentos y oportunidades para vivir.

¿Qué nos deja este capítulo para reflexionar?

Los adolescentes conocen acerca del coaching y la gran mayoría se encuentra con disposición en trabajar en un cambio a través de él, sin embargo, ellos no aprovechan su potencial en la vida cotidiana, ¿Cuál es la razón?, ¿Qué es lo que sucede en la vida de cada uno de ellos que los limita?, es decir, ¿Cuál es su creencia limitante?, ¿Cómo identificar y transformar esa creencia limitante en una creencia potenciadora?

Todas estas incógnitas pueden ser respondidas gracias a las herramientas para el cambio que promueve el coaching, con lo cual se trabajó con ellos y se encontraron resultados excelentes, los cuales compartiré con ustedes en la conclusión. El cual marca el cierre de todos los aprendizajes adquiridos de este libro, la opinión de algunos alumnos y por último la invitación hacia el público en general, sobre todo a los padres de familia a que se comprometan a desarrollar el potencial de sus hijos; que el Coaching es una disciplina de excelencia con la cual pueden apoyarse para lograr una comunicación eficaz con sus hijos y sobre todo potenciar sus habilidades y talentos.

CONCLUSIÓN

Discusión de los Resultados

Hemos llegado a la parte final de nuestro libro, y digo nuestro, porque no solo es mío, es tuyo y de todas las personas que así lo deseen. Este trabajo que tuve la dicha de realizar lo comparto con todos ustedes mis queridos lectores, de todo corazón deseo que este libro te haya dejado valiosas, así como significativas aportaciones, conocer y comprender el mundo que vive un adolescente observándolo desde una perspectiva profesional y analítica.

El coaching como disciplina que trabaja con valores y creencias, (dentro de las creencias encontramos las limitantes y potenciadoras), se convierte en una excelente vía como desarrollo de talento de los adolescentes; debido a que se les aplicó a cuatro grupos de jóvenes adolescentes las poderosas herramientas esenciales de este proceso para trabajar en su autoconocimiento, en su relación con los demás y, sobre todo, en sus decisiones.

Tomar una decisión no es sencillo. Nosotros como adultos se nos complica en ocasiones el hecho de hacerlo. Nos genera miedo, puede ser a equivocarnos, al qué dirán las demás personas, a no superarnos, entre otros más; esto en un adolescente es aún el doble de lo que nosotros como adultos llegamos a pensar. Es un proceso en el que intervienen distintos factores biopsicosociales, el poder ayudar a un adolescente a descubrir su ser a través de darse ese permiso de conocerse, de identificar sus sueños, de generar sus metas y de aplicar un trabajo para conseguirlas, a través de una metodología SMART, de un INA con eneagrama, Método

F.D.O, aterrizaje financiero, es una labor interesante, maravillosa y gratificante.

Alianza entre coaching, psicología y pedagogía

Por supuesto que no iba a dejar de desaprovechar de esta oportunidad para hablar entre coaching y la Psicología. Por un lado, ya vimos en el capítulo 1 cuáles son las diferencias entre estas dos ciencias; por el otro, conocemos también el plan de acción de cada una de ellas, ahora en esta ocasión, y a modo de reflexión invito a lo siguiente:

¿Se puede generar una alianza entre un coach, un psicólogo y un pedagogo para potenciar el desarrollo de talento de los adolescentes?

La respuesta es ¡SÍ!, sí es posible. Te preguntarás, ¿Cómo?, bueno, el coaching posee herramientas que son de autoconocimiento. Yo mismo las relacioné con el programa federal "Construye-T" que llevé a cargo como docente de ese programa en el Colegio y el cual de preferencia solicita que sea un psicólogo el que lo imparta a los alumnos, o de lo contrario un pedagogo con conocimientos amplios en psicología.

El programa maneja 3 dimensiones: "Conóce-T", "Elíge-T" y "Relacióna-T". Las herramientas del coaching las asocié con estas 3 dimensiones para generar en el adolescente un proceso en el que descubra quién es gracias a un eneagrama de vida. Posteriormente el adolescente crea su propia frase de empoderamiento para darle impulso a su ser, un "empujón" a su autoestima o, en pocas palabras, "para que se la crea", sobre quién es el, lo valioso que es y lo exitoso que puede llegar a ser.

Con las herramientas a parte de propiciar la dimensión "Conóce-T", del programa ya establecido, mejoró la dimensión "Elíge-T" y "Relacióna-T", debido a su relación con las demás personas, entre ellos mismos se comenzaron a dar cuenta de quién tienen que ser para poder hacer y poder tener lo que ellos desean. Esto involucra también con quién relacionarse, qué personas pueden acercarlos a sus objetivos, (aquí hablamos, por ejemplo, de reconocer el verdadero valor de la amistad, sin prejuicios, chismes o rumores), ellos mismos toman la decisión de su vida, de qué van a modificar para acercarse a sus objetivos.

Además, en el campo de la psicoterapia, el psicoterapeuta puede aplicarle a su paciente herramientas de coaching para conocer cuál es la vía por la que se encuentra su paciente, qué es lo que necesita para que a través de una serie de hipótesis e investigaciones del pasado acerca de la vida del paciente, el psicoterapeuta pueda estudiar y analizar toda la sintomatología que presenta el sujeto para poderle ofrecer entonces herramientas de psicología que inviten a la introspección y que pongan a trabajar al individuo sobre lo que requiera. Con esta forma se establece una alianza entre la psicología y la psicoterapia con el coaching.

Por último, en el campo de acción de la pedagogía el coaching es un proceso de aprendizaje y la pedagogía busca ofrecer herramientas para promover un mejor entorno de aprendizaje de los individuos. Son demasiado similares estas dos herramientas, pues ambas nacieron a partir de la mayéutica, por lo tanto, el coach de excelencia requerirá involucrarse en el contexto de la pedagogía para respetar la individualidad de sus coachees/alumnos y promover herramientas para lograr un cambio transformacional personal.

La invitación está hecha a partir de este momento que usted se encuentre leyendo esto para todos los psicólogos y pedagogos que estén laborando en el contexto educativo, el coaching es una vía para propiciar y estimular no sólo el desarrollo de talento de los adolescentes, sino también el de las personas en general.

Cualquier persona posee un talento, no lo dudo ni por un momento, sin embargo, debido a creencias limitantes no mostramos esos talentos. También por desconocimiento, falta de seguridad y confianza en nosotros mismos, por lo tanto la unión entre esta disciplina con la psicología y pedagogía será de gran ayuda para el estudiante y la población en general.

REFLEXIÓN

A los Padres de familia y tutores lo siguiente:

Señor padre/tutor, señora madre/tutora de familia. Agradezco de corazón que ustedes hayan invertido su valioso tiempo en la lectura de este libro, sin siquiera conocerlos. Los felicito por su gran labor en el proceso de la crianza y educación con sus hijos. Asimismo, aprovecho para externarles una grandiosa invitación en adentrarse a conocer más acerca del coaching. Lo explicado aquí es en términos generales. Los invito de corazón a que se acerquen con cualquier coach que acepte trabajar con adolescentes, que se informen de nuestra disciplina en cuanto a su valiosa asistencia a nuestros seminarios y conferencias, en especial, de la Academia de Coaching y Capacitación Americana

(ACCA).

Les aseguro que ese tiempo y dinero invertido en capacitaciones para ser un mejor guía para sus hijos, (porque de esto se trata, que ustedes se actualicen cómo ser una mejor guía y por supuesto, ser un padre/madre/tutor de familia actualizado con conocimientos sólidos de coaching), ayudará en el descubrimiento de su potencial.

Como tal, el coaching no les dirá lo que tienen que hacer, ni cómo hacerlo, solamente les proveerá entrenamientos para que sean ustedes los principales personajes en el crecimiento y desarrollo de su hijo, así como sean ustedes los que conozcan en qué momento van a utilizar los conocimientos adquiridos de esta disciplina.

Para el público adulto en general:

Es interesante que, aunque usted no sea padre, madre o tutor de familia, de seguro conoce a un adolescente, tiene amigos con hijos, o posee sobrinos, ahijados, nietos, etcétera, usted también puede ser un agente para generar el cambio social, y ayudar a cualquier adolescente en su crecimiento y desarrollo para potencializar su ser.

Gracias a las herramientas y el trabajo ya explicado con anterioridad, usted posee ahora conocimientos teóricos y prácticos del coaching con los cuales puede acercarse a un adolescente y ofrecerle ayuda si considera que él la necesita. Puede también invitar a las personas que usted conozca a asistir a seminarios de coaching, y ¿por qué no?, usted también puede asistir y conocer a profundidad de lo que hacemos.

Usted tiene en su cerebro nuevo conocimiento, es el único

que decidirá qué hacer con él, si lo acepta, lo reproduce y comparte o no, ¡LO INVITO CON GUSTO A QUE LO COMPARTA!

Para la piedra angular del libro: ¡LOS ADOLESCENTES! y mis Alumnos

Antes que nada, te saludo con inmenso placer. Me generó una gran satisfacción conocerte y acompañarte durante estos 6 meses de formación académica con el programa federal que te impartí. Más que un docente o psicólogo, si tú me das el permiso, me considero tu coach y tú amigo de excelencia. Te agradezco el hecho de que te hayas dado permiso de descubrir tu potencial, puesto que nada más importas tú, quién eres, qué quieres, hacia dónde te diriges. Seguro ya estarás un poco cansado de que te repita esto durante varias veces, pese a que lo mencioné en el transcurso que escribí este libro.

Sin embargo, precisamente lo repito para que lo almacenes en tu memoria. Jamás te olvides que eres un ser único y valioso, sobre todo, que no permitas que nadie detenga tus talentos, dones y habilidades el único que los puede detener, eres tú. ¿Okay?, por lo tanto, te deseo todos los éxitos y bendiciones del mundo. Las mejores experiencias y aprendizajes. Recuerda que incluso el fracaso nos deja una lección importante que aprender para de ahí escalar hacia el éxito.

Adolescente ex alumno que me lees, eres un ser grandioso, no lo olvides. Si requieres de entrenamiento profesional, tienes a un coach; si requieres psicoterapia, tienes a un psicólogo; si requieres de lecciones de clase, tienes a tu docente que te impartió el programa federal

"Construye-T". Uriel Alberto Godoy Velázquez, un hombre alegre, feliz y pacífico.

Adolescente que no me conozca y me lees, te invito a que de corazón te acerques con nosotros los profesionales, siempre estaremos dispuestos en acompañarte en todos tus procesos Cierro este libro con la conclusión de que para vivir en un mundo mejor cambiemos desde adentro, desde nuestro ser, y veremos que solo nosotros transformaremos un mundo mejor para vivir en armonía y en sociedad. Gracias a todos por darse un tiempo en leer completa esta investigación.

"Para transformar el mundo, primero requiero transformarme a mí mismo"

– Uriel Godoy

BIBLIOGRAFÍA

1. BETANCOURT, J. (2017). *COACHING PARA SER : una guía para la transformación personal*. S.l: CREATESPACE INDEPENDENT P.

2. Dilts, R. (2004). *Cómo cambiar creencias con la PNL*. Málaga: Editorial Sirio.

3. O'Connor J. & Lages A. (2004), *Libro Coaching con PNL: guía práctica para obtener lo mejor de ti mismo y de los demás*. España: Harper Collins Publishers.

E-grafía

1. Castillo-Sánchez, M. (s/f) El Trabajo Social ante los retos del siglo XXI: Nuevas aportaciones desde el Coaching. [PDF file] Documentos de Trabajo social no. 57, ISSN 1133-6552 / ISSN Electrónico 2173-8246 Recuperado de: https://dialnet.unirioja.es/descarga/articulo/6095383.pdf

2. Academia de Coaching y Capacitación Americana (ACCA), Descripción de las Actividades Aplicadas del INA, (enlace privado) Recuperado de https://www.universidadvirtualdecoaching.com

3. Belda, G. (2011). Historia del Coaching. Recuperado de http://www.emotivacion.com/historia-del-coaching.html

4. Cerda, F. (2010) La mejor explicación de qué es coaching que he leído. Recuperado de https://www.scribd.com/document/176643557/La-mejor-explicacion-de-que-es-coaching-que-he-leido

5. Redacción de buscabiografias.com (1999). Sócrates. Buscabiografías.com Recuperado de https://www.buscabiografias.com/biografia/verDetalle/8068/Socrates

6. Díaz-Aguado Jalón, M. (2005). La violencia entre iguales en la adolescencia y su prevención desde la escuela Psicothema, vol. 17, núm. 4, 2005, pp. 549-558 Universidad de Oviedo,

España Recuperado de
http://www.redalyc.org/html/727/72717402/

7. Domingo J, y Catalina M. (2012), Los Estilos de Aprendizaje como una Estrategia Pedagógica en el Siglo XXI. Revista Electrónica de Socioeconomía, Estadística e Informática (RESEI) ISSN 2007 – 817X Vol. 1 Num. 1, Julio - Diciembre de 2012. [PDF File]. Recuperado de
http://www.cm.colpos.mx/revistaisei/numeros/RESEI_N1V1_02 0.pdf

8. Estrada J. (2015), ¿SABES LA DIFERENCIA ENTRE UN CONSULTOR, ASESOR, CONSEJERO, COACH Y UN MENTOR? Recuperado de
https://imolko.com/2015/09/18/sabes-la-diferencia-entre-un-consultor-asesor-consejero-coach-y-un-mentor/

19. Enciclopedia de Características (2017). 10 CARACTERÍSTICAS DE LA ADOLESCENCIA. Recuperado de: https://www.caracteristicas.co/adolescencia/

10. Gonzalo, M. (2000). "Socialización familiar y valores en el adolescente: un análisis intercultural. Anuario de Psicología, vol. 31, n*2, 15-32 Facultad de Psicología, Universitat de Valencia, [PDF File]. Recuperado de
http://www.raco.cat/index.php/AnuarioPsicologia/article/viewFil e/61542/88397

11. Grupo de Estudio de la OMS. (1986). La Salud de los jóvenes: Un Desafío para la Sociedad. Organización Mundial de la Salud [PDF File]. Recuperado de
http://apps.who.int/iris/bitstream/10665/36922/1/WHO_TRS_73 1_spa.pdf

12. Guerri, M. (s/f). La Psicología Existencial o Existencialismo. PsicoActiva.com Recuperado de
https://www.psicoactiva.com/blog/la-psicologia-existencial-o-existencialismo/

13. ICMF. (s/f), Código Deontológico del Coach, InternationalCoaching&MentoringFederation.com Recuperado de
http://federaciondecoaching.com/icmf/pages/codigo_etico.php

14. Méndez F. (2015), Talentosos por Naturaleza, [PDF File] Recuperado de http://encontradores.com.ar/ebook/Talentosos%20por%20Natura leza.pdf

15. Pérez Porto J. & Merino M. (2008) Actualizado: 2012. Definicion.de: Concepto de pedagogía. Recuperado de (https://definicion.de/pedagogia/)

16. Ravier, L. (2004). Arte y Ciencia del Coaching. [PDF File]. Recuperado de https://issuu.com/leoravier/docs/arte_y_ciencia_del_coaching_9 870211984

17. Secretaría de Educación Pública (SEP) y Programa de las Naciones Unidas para el Desarrollo (PNUD). (2017). Programa Federal "Construye-T". Recuperado de http://www.construye-t.org.mx/habilidades

18. Comenio. (2018, 21 de junio). *Wikipedia, La enciclopedia libre*. Fecha de consulta: 10:44, septiembre 11, 2017 desde https://es.wikipedia.org/w/index.php?title=Comenio&oldid=110 604949.

19. Pico, I. (s/f) DIFERENCIAS ENTRE COACHING, PSICOTERAPIA, MENTORING, COUNSELING, ASESORAMIENTO, ORIENTACIÓN Recuperado de https://psicopico.com/diferencias-coaching-psicoterapia-mentoring-counseling-asesoramiento-orientacion/

20. Fundación Iemotiv (2017) Modelo Coachville. Recuperado de http://iemotivcoaching.blogspot.com/2017/02/modelo-coachville-5-x15.html

21. Wikipedia contributors. (2018, June 5). Thomas J. Leonard. In Wikipedia, The Free Encyclopedia. Retrieved 19:53, September 10, 2017, from https://en.wikipedia.org/w/index.php?title=Thomas_J._Leonard &oldid=844592197

22. Borrás, (2013) Adolescencia: definición, vulnerabilidad y

oportunidad ISSN 1560-4381 Recuperado de
http://scielo.sld.cu/scielo.php?script=sci_arttext&pid=S1560-
43812014000100002

23. Edured.cu (2018) La escuela nueva. Recuperado de
https://www.ecured.cu/La_escuela_nueva

24. Musitu, (2000) Socialización Familiar y valores en el
adolescente: un análisis intercultural. Anuario de Psicología,
2000, vol. 31, no 2, 15-32 © 2000, Facultat de Psicologia,
Universitat de Barcelona. Recuperado de
https://www.researchgate.net/publication/39109486/download

25. Unesco.org (s/f) La UNESCO: trabajando con y para los
jóvenes Recuperado de http://www.unesco.org/new/es/popular-
topics/youth/

26. Bolaños, N. (2014) John Whitmore padre del Coaching.
Recuperado de www.lanuevarutadelempleo.com/Noticias/john-
whitmore-padre-del-coaching

27. Psicoactiva.com (2017) La Psicología Existencial o
Existencialismo. Recuperado de
https://www.psicoactiva.com/blog/la-psicologia-existencial-o-
existencialismo/

28. Organización Mundial de la Salud. (s/f) Desarrollo en la
adolescencia. Recuperado de
http://www.who.int/maternal_child_adolescent/topics/adolescenc
e/dev/es/

29. Martinez, I. (s/f) Cómo definir tus objetivos de forma
inteligente: modelo Smart. Recuperado de
https://ivanmb.com/definir-objetivos-smart/

ANEXOS

1. Resultados de la Encuesta.

¿Ha escuchado hablar acerca del coaching?

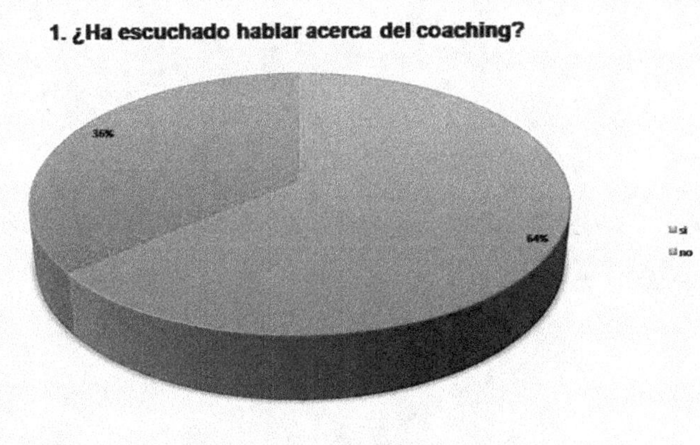

¿Estarías dispuesto a formar parte de un proceso de Coaching para mejorar sus habilidades y competencias?

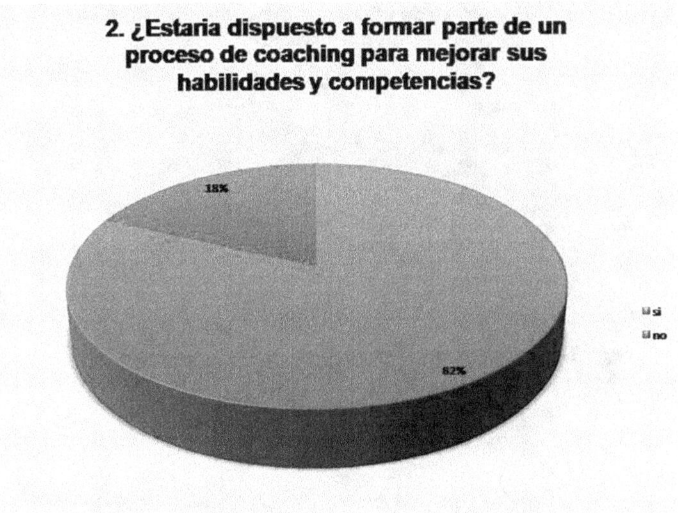

¿Usted posee conocimiento acerca de que son los valores y creencias?

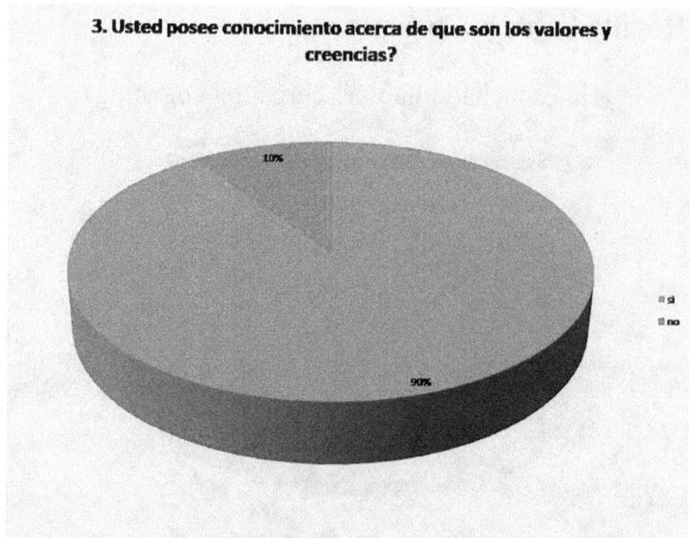

¿Considera de utilidad el desarrollo de talento en los jóvenes?

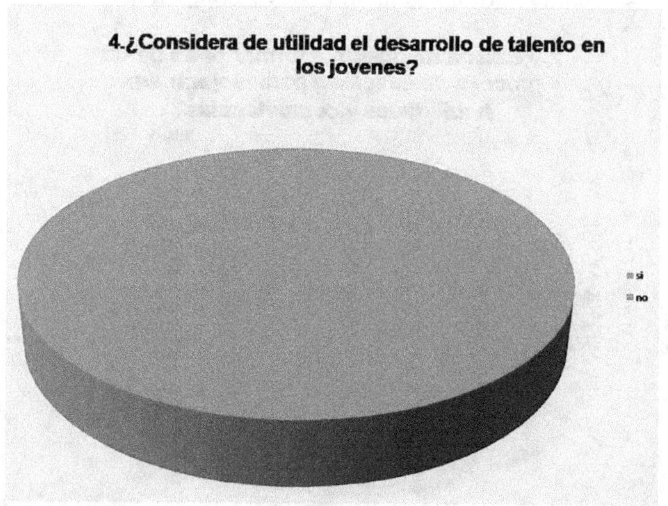

¿Aprovecha al máximo su potencial en su vida cotidiana?

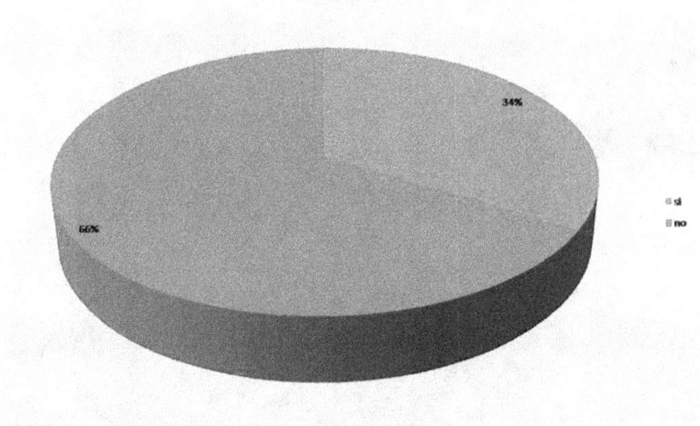

2. Coaching aplicado al grupo del Colegio de Bachillerato.

Prácticas de Coaching al grupo de alumnos.

Alumnos desarrollando las actividades de Coaching

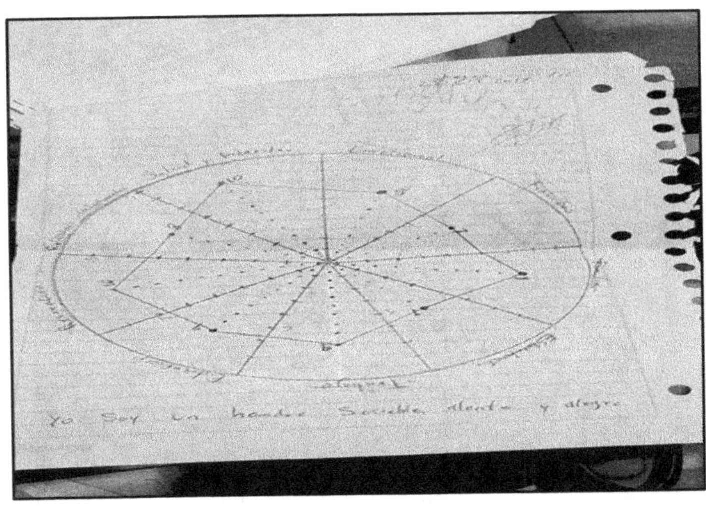

Eneagrama de Vida realizado por un alumno.

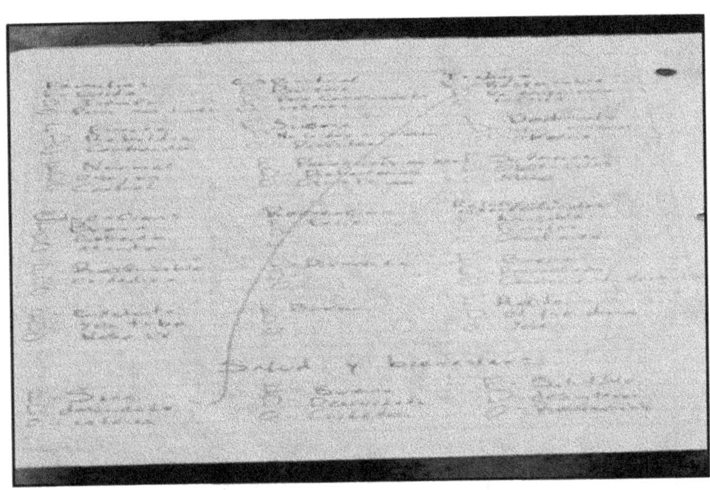

Método F.D.O realizado por un alumno

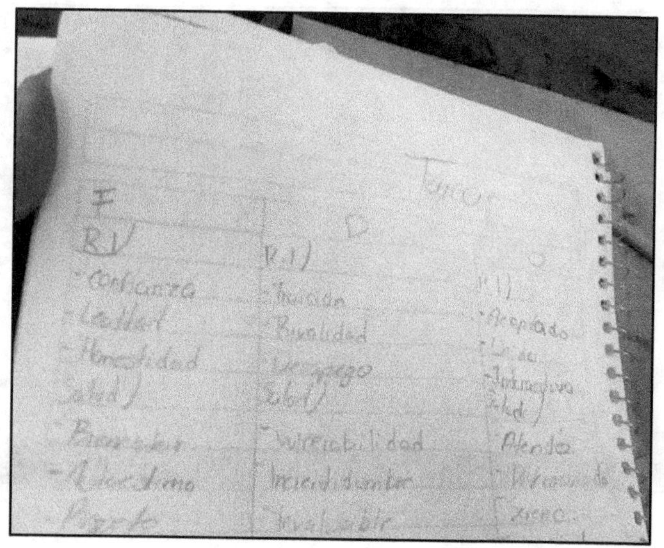

Resultados del Método F.D.O de un alumno.

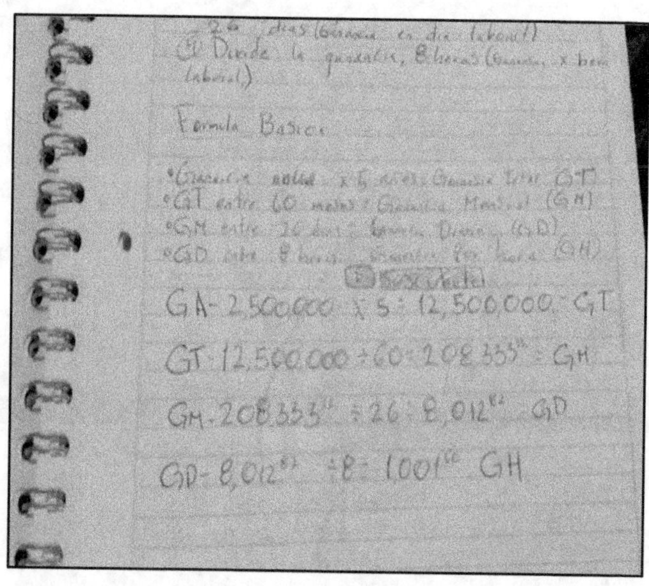

Aterrizaje Financiero realizado por un alumno.

P.R.P de una alumna

SOBRE EL AUTOR

Uriel A. Godoy Velázquez, nació en la ciudad de Naucalpan de Juárez, Estado de México, es una persona con una actitud positiva hacia la vida, se considera una persona pacífica, con una gran pasión por la docencia, y disfruta al máximo el acompañamiento en la transformación y desarrollo del talento de cada alumno que conoce, en especial, de los adolescentes.

Uriel se considera seguro de si mismo y esta convencido de que cuando amas lo que haces no existe nada ni nadie que te pueda detener, es visionario, creativo y esta en constante crecimiento profesional y personal.

Es Licenciado en Psicología por la Universidad del Golfo de California (U.G.C.) en Cabo San Lucas, Baja California Sur, México, también es Técnico en Puericultura por la misma institución U.G.C, cuenta con una certificación Internacional en Coaching Profesional con la Academia de Coaching y Capacitación Americana ACCA, (Miami, FL.).

Ha colaborado en organizaciones no gubernamentales como la Organización Internacional de Trabajo Social (OITS) de Perú, trabaja como instructor de capacitación frente a público infantil, adolescente y adultos impartiendo conferencias y talleres, también se ha dedicado a impartir sesiones de coaching organizacional a distintas empresas.

Contactos

Puedes contactar con el autor para dudas, preguntas, sesiones individuales o eventos a:

Email: psicycoachugodoy@gmail.com
LinkedIn: Uriel Alberto Godoy Velázquez
Facebook. Uriel Godoy Velázquez

TESTIMONIOS

No necesito escribir mucho para describir y agradecer la forma en la que Uriel Godoy me ha ayudado, porque siempre le he demostrado la calidad de amistad que hemos mantenido desde la infancia. Mi amigo Uriel es una persona que en cierto sentido ha influido de forma muy importante en mi vida. Tener un amigo significa recibir y brindar un apoyo incondicional sin juzgar o sin emitir juicios absurdos.

Al conocer a Uriel me di cuenta de que compartíamos muchas cosas en común; Como el hecho de siempre buscar ser líderes en lo que hagamos, disfrutar a veces de la soledad, salir de la rutina o simplemente amar nuestros estudios o trabajo con todo nuestro corazón.

Yo, al igual que cualquier otra persona, he vivido situaciones un poco complicadas psicológicamente. Sé perfectamente que por ciertos códigos éticos de la profesión de Psicología mi amigo no se sentiría cómodo al darme una psicoterapia, pero Uriel ha buscado la forma de guiarme para que yo pueda salir adelante y así mismo conocer mi mente sin miedo.

Él me ha enseñado a vivir libremente, con seguridad y alegría, siendo yo mismo a pesar de cualquier cosa. Ha encontrado la forma de motivarme (sobre todo cuando platicamos frente a frente). De igual forma, busco motivarlo cuando ha tenido malos momentos. He aprendido a identificar cuándo necesita ayuda. Él sabe perfectamente que tiene todo mi apoyo, así como yo sé que tengo todo su apoyo. Confío en que siempre será excelente en lo que haga, dando un enfoque muy humanista y ético, al igual que lleno de mucha pasión en cada acción y palabra que dirá por ayudar a los demás.

Raúl Alejandro Miranda Ojeda

Mi experiencia con mi amigo y profesor Uriel, ha sido de mucho aprendizaje y motivación gracias a su gran desempeño y dedicación que impartía en cada clase, cada una de ellas fueron de mucha ayuda para mejorar mi persona, la manera de ver la vida e inspiración a creer en mí y creer posible cada sueño que me proponga en la vida. Su actitud positiva transmite alegría a cada una de las personas con las cuales tiene contacto.

Manuel Alfredo Ruíz Camez

Uriel es una persona servicial y atento, sé que se puede contar con él cuando más se le necesita, lo mejor de él es que te dirá lo que no quieres escuchar, ha demostrado no callarse ante nada, en lo personal existen momentos en los que él siempre ofrece su apoyo para mí, eso es lo que más aprecio de él, posee un sentido humanista, es responsable y respetuoso, a pesar del tiempo la amistad con él sigue siendo la misma además de que existe un aprecio mutuo entre nosotros.

Ángel Alberto Villa Mora

En los tres años de bachillerato que cursé, tuve maestros con diferentes actitudes y diferentes maneras de trabajar. El profesor Uriel Godoy era de los pocos que lograban tener una clase dinámica e interesante, ya que, aunque sabemos que

todas las materias son importantes, no todas son interesantes. Durante las clases del profesor Godoy sentía que estaba en un ambiente más familiar, ya que la materia que él nos daba, por parte del proyecto Construye-T, era sobre poner en orden nuestras emociones y como ser mejores cada día, algo en lo que últimamente he tenido interés. Lo que puedo decir es que durante el tiempo en el que fui su alumna me sentía muy cómoda y feliz, ya que era un espacio en donde nos podíamos evaluar como persona y como es que íbamos cambiando progresando. Por algunas cuestiones de tiempo no pudimos realizar actividades con material o juegos, lo cual me entristece porque eso es lo que más llama la atención en una clase. Y sé que él tiene mucha imaginación para hacer cada clase diferente y divertida, sin perder de vista el objetivo de hacer llegar cierto mensaje al alumno.

Nohemí Zúñiga G.

Soy ex alumno del Profesor Uriel Godoy Velázquez; platicaré de la experiencia que compartí con el Profesor cuando me impartía clases en Colegio de Bachilleres del estado de Baja California Sur.

El Licenciado Godoy iniciaba con las actividades de dar clases cuando él me impartió un taller llamado Construye-T, a pesar de eso, él sabia llevar a cabo cada una de las actividades que realizaba, tenía un control en el aula, organizaba cada actividad con anticipación, sus clases eran muy dinámicas con todo el grupo. Antes de tomar esa clase con el Profesor, solo eran eventos dentro de la Preparatoria, estar presentes en ellos, pero ya cuando el taller se volvió clase con el profesor Godoy, ya era diferente, aprendimos a convivir como grupo, como personas fuera y dentro del aula, reforzamos cada valor, cada norma moral y social dentro de la preparatoria y eso me sirvió de mucho porque afuera lo aplique y lo sigo aplicando y más porque la licenciatura que estoy estudiando Lic. En Derecho, llevo a cabo las 4 normas, Jurídicas, religiosas y las más importante para tener un Buena convivencia las normas sociales y morales. La verdad es un gran Maestro, sabe lo que hace y lo que hace con mucha dedicación, mucho esfuerzo, y como él una vez me dijo, - Nunca te quedes con la primera opción, busca más allá y encontraras respuestas más concretas.

Juan De Dios Guerrero Salgado

No cabe duda que la amistad surge en donde, cuando y con quien menos piensas, conocí a Uriel Godoy Velázquez en un Congreso de Trabajo Social en la Ciudad de La Paz, Baja California Sur, yo estaba como conferencista y desde antes de mi participación me llamó la atención aquel joven a quien no conocía, pero que mostraba mucho interés por cada una de las ponencias, y hacía preguntas respecto a los temas sin intimidarse por los altos perfiles de los profesionistas que ahí exponían, asimismo, el entusiasmo que mostraba en la convivencia con sus compañeros de mesa, pero más fue que él era en ese entonces estudiante de Psicología, debido a que en ese congreso reunía a profesionales y estudiantes pero de Trabajo Social.

Uriel estaba a una o dos mesas de mí y percibí su agrado por todo lo que estaba viendo, escuchando, y qué decir de su activa participación en las dinámicas que se aplicaban. No fue sino hasta el tercer día que tuve oportunidad de tratarlo, se unió a nosotros para hacer un recorrido al centro de La Paz, y fuimos a degustar un delicioso pescado. El cuarto día, junto a un grupo de personas, la mayoría Trabajadoras Sociales, fuimos a Los Cabos, en todo momento se mostró atento respetuoso, siendo un gran anfitrión, en lo personal tuvimos un recorrido por la playa de Los

138

Cabos, y debo decir que pese a ser muy joven tuvo una gran paciencia conmigo que sin ser de playa se me dificultaba caminar sobre la arena sobre todo por el camino sinuoso que formaba las diferentes alturas de la arena, yo me cansé, quería regresar o buscar un atajo, sin embargo él me incitó a que siguiera adelante, ya que no había atajo por donde cortar y regresar era mucho más pesado y lejos, fijó un punto a donde teníamos que llegar, y en ningún momento me abandonó, se adelantó o me apresuró, caminó a mi paso, a mi lado, cuidándome de no caer en la arena, deteniéndose si yo me detenía, animándome a seguir hasta que llegamos a donde teníamos que reunirnos con el resto del grupo. En todo momento Uriel mostró conmigo y el grupo una gran empatía, más tarde, me puse a pensar que esa experiencia con él en la playa había sido una demostración de fiel sincera amistad, y buen juicio, para ser tan joven y para mi criterio personal eso no es otra cosa más que el producto de una educación basada en buenos principios, y amor familiar. Posteriormente supe que se tituló de Psicología, realizó sus estudios de Coach, y estoy segura de que continuará preparándose para ser cada vez un mejor profesionista.

Mi querido Uriel, espero logres todo el éxito que mereces y para el cual estás trabajando tan arduamente, el camino no será fácil, pero tienes toda una vida por delante, sólo no te apartes de esos buenos principios que tienes, y honra siempre a tus padres, ama a tu familia y sé fiel a tus amigos, pero sobretodo nunca pierdas la fé en Dios del Universo, y en esa capacidad, que él te dio. ¡FELICIDADES!

Teresa Coronado Juárez
Lic. Trabajo Social

www.ingramcontent.com/pod-product-compliance
Lightning Source LLC
Chambersburg PA
CBHW060102260726
48658CB00004B/1362